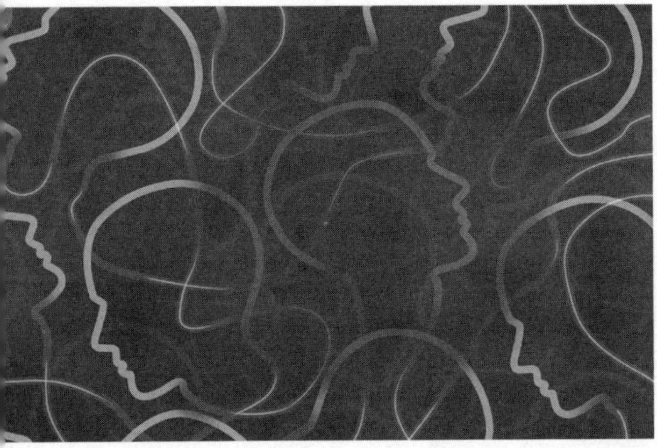

遇 / 见 / 暖 / 光 / 系 / 列

不可不知的关系

孙 瑜 著

電子工業出版社
Publishing House of Electronics Industry
北京·BEIJING

图书在版编目（CIP）数据

不可不知的关系 / 孙瑜著 . — 北京：电子工业出版社，2021.2
（遇见暖光系列）
ISBN 978-7-121-40563-1
Ⅰ . ①不… Ⅱ . ①孙… Ⅲ . ①心理交往－通俗读物 Ⅳ . ① C912.11-49
中国版本图书馆 CIP 数据核字（2021）第 025729 号

责任编辑：潘　炜
印　　刷：三河市鑫金马印装有限公司
装　　订：三河市鑫金马印装有限公司
出版发行：电子工业出版社
　　　　　北京市海淀区万寿路 173 信箱　　　邮编：100036
开　　本：720×1000　1/16　　印张：14.25　　字数：240 千字
版　　次：2021 年 2 月第 1 版
印　　次：2021 年 2 月第 1 次印刷
定　　价：58.00 元

凡所购买电子工业出版社图书有缺损问题，请向购买书店调换。若书店售缺，请与本社发行部联系，联系及邮购电话：（010）88254888，88258888。

质量投诉请发邮件至 zlts@phei.com.cn，盗版侵权举报请发邮件至 dbqq@phei.com.cn。

本书咨询联系方式：（010）88254210，influence@phei.com.cn，微信号：yingxianglibook。

荐读语

冬去春来，生活重启。我们更需要的是信任与信心，藉此来面对各种机遇与挑战，而这一切都源自关系——心理的力量。

衷心地希望这本书能给读者带来新生的力量。

中国心理学会心理学普及工作委员会主任　高文斌

CONTENTS

目 录

第一章

原生家庭，人生信念系统的根基

第二章

原生家庭对亲密关系的影响

第三章

职场，原生家庭的再投射

第四章

自我关系里隐藏的秘密

第五章

人生困惑底层逻辑

第六章

全息思维在人际沟通中的独特价值

第七章 让心灵回家

PREFACE

自 序

一切都是最好的安排

2020 年 1 月 5 日，北京迎来了今年的第一场雪。刚刚从济南回到北京的我，连雪景都来不及拍，又马不停蹄地飞往成都的课堂。当我 1 月 14 日结束了春节前最后一次课程，带着团队回北京做完年终总结，并宣布提前一周放假的时候，一场疫情正悄悄袭来。

大年二十八，防疫阻击号角正式吹响。我和许多北京人一样，果断取消了大年三十的年夜饭，开始了长达两个月的宅家生活。

从正月初三一直到三月底，我和暖光的导师团作为先遣队，在党组织的支持和中国心理学会心理学普及工作委员会的学术指导下，带领中国老教授协会职业教育委员会家庭心理服务学院的导师们，完成了长达两个半月、共 3 个阶段的公益心理线上课程。

正当迎来复工，公益活动告一段落的时候，我儿子回来了。他带着一个考虑成熟的策划，准备运用他的视频导演思维，与我合作创建一个抖音账号“老妈新知”。当时，我正在筹备一个长达 12 期的线上课程，围绕原生家庭是怎样对人的一生构成影响的主题。他听了这个课程概述很兴奋，认为与他的策划高度吻合。

在这个课程的第一次微课结束后，我收到了电子工业出版社潘博士发来的微信消息：“今天的课我听了，内容不错。你可以着手准备第二本书了。”我的第一本书《不可不知的人性》，也是在潘博士的推动下，汇编了过去数十个系列的线上课程而成的。于是在那段时间，我和儿子一起拍抖音、做直播，再结合线上课程的需求把视频内容课程化。我的工作频率和工作效率一点没比正常时期低。在抖音账号的创建和运营过程中，我通过儿子看到年轻一代令我自愧不如的开阔眼界和思维方式。这也对我扩展本书的视角，增加一些新的观点，有很大的启发。

当这本书的全部内容接近完成的时候，儿子决定把已经发布了 8 期内容的抖音账号更名为“老妈夜问”。这次改版体现了更深刻的社会思考，有了一丝叩问灵魂的味道，也恰巧符合我早期作为新闻人的职业背景。至此，我和儿子之间的沟通也非常轻松和舒畅。

在儿子上小学前的四年时间里，我一直在广东工作，没能陪伴在他身边。那时我认为跟孩子分开几年，不会对孩子产生什么大的影响。直到我进入培训行业从事心理学专业研究，才懂得那四年的分离对孩子造成了很大的伤害。这也是后来我更加侧重家庭关系研究的原因。

这次疫情，给了我和儿子朝夕相处的机会，也给了我再次捕捉新型的家庭关系的契机。我开始为他学做饭菜，他也在网上为我精心挑选我喜欢吃的食品。当我看到儿子与儿媳、孙女之间的交流其乐融融时，我一遍又一遍地确认：新型的家庭关系，其实早已不像父子君臣那样刻板。成熟起来的年轻一代，已经与他们的父母形成了相互教育、相互影响的关系。

由于疫情，我才有足够的时间撰写这本书，才有了跟儿子的密切合作，才有了关于家庭的更深的思考。

疫情，让我们安静下来。一切都是最好的安排。

|第一章|

原生家庭，人生信念系统的根基

在大量的心理学研究与现实案例中，我们可以看出：原生家庭，这个全人类的共同课题，影响人的人生信念系统，对人的一生产生了重大影响。

美国的两位心理专家苏珊·福沃德博士和克雷格·巴克在《原生家庭》一书中，结合大量真实案例，分析了各类“问题父母”的行为，以及他们的某些行为对子女造成的伤害，诠释了原生家庭这个全世界的共同课题。同时，这本书不仅给予受伤子女挣脱原生家庭的勇气与力量，还传授了具体方法，帮助他们摆脱原生家庭的负面影响。但是，也有部分读者对此书表示遗憾，认为这本书中大量列举原生家庭带来伤害的案例，却完全没有列举滋养孩子健康成长的和谐家庭的案例。

那么在原生家庭中，哪些父母才是“问题父母”？“问题父母”又有什么样的行为模式？如何理解原生家庭对我们的影响？这些都是我们首先要弄清的问题。其次，如何认识、摆脱原生家庭？面对原生家庭的影响，我们应该怎么做？这些问题从方法论上是要解决的。接下来，我将通过真实案例和影视案例分析这些重要问题。

第一节　问题父母的行为模式

什么样的父母是“问题父母”？

负面行为模式持续和反复存在，始终支配着孩子的生活的父母，就是问题父母。但这里的“持续性”和“反复性”也有例外，比如，对子女身体的严重虐待，往往一次就给子女造成重创。以下是七种典型的问题父母的行为模式：

（1）**父母总是对的。**这类父母打着为子女好的名义，认为自己永远是正确的。子女在其影响下，在内心构筑了一个完美父母的假象，甚至认为父母对自己的虐待是理所当然的。子女否认自己父母当年的不当行为给自己带来的伤害，并且自欺欺人地将不可接受的事实合理化。

（2）**不称职的父母。**这类父母对子女造成的负面影响不易察觉且难以界定。他们伤害子女的方式不是打骂，而是疏忽。他们不关爱、不陪伴自己的子女。

实际上，称职的父母必须履行五项基本职责：①满足子女的基本物质需求；②保护子女免受身体伤害；③保护子女免受情感伤害；④满足子女对爱、关怀和更深层次的情感需求；⑤在伦理道德方面给予子女正确的引导。

（3）**操控型父母。**这类父母喜欢制造子女的无力感，希望子女离不开他们。他们有两种操控形式：一种是直接控制，即简单直接、毫无掩饰地控制，包括经常威胁、恐吓和羞辱；另一种是软控制，常见的是“帮手型”父母。他们在大事小事上安排子女的生活，经常制造一些状况，让子女“需要”他们的帮助。而操控型父母导致的结果，是子女常出现投降或叛逆两种情况：前者是子女屈服于父母的操控；后者则是子女与父母对抗。这种叛逆只是为了证明自己是独立于父母的，是为了反抗而反抗，却忽略了自己真正的需求。

（4）**有恶习父母。**父母沉迷于酗酒、赌博等各种成瘾的事物上。他们人在家庭，心却被某种成瘾的东西占据。对子女来说，父母是信任的来源。而父母的酗酒、赌博等恶习给子女造成的伤害，让孩子无法信任父母，更无法对外界有信心。

（5）**身体虐待型父母。**这类父母有几个共同特征：①他们极度缺乏对冲动情绪的控制力；②他们对自己给子女造成的伤害，几乎毫无意识；③体罚子女已成为他们的惯性做法；④这些父母往往成长于充满暴力的家庭，暴力是他们学会的解决问题和发泄情绪的唯一手段。

父母对子女的身体虐待主要分为恶魔型、幼稚型、重复型三类。①恶魔型父母对子女的身体虐待是最极端的一类，即有些父母生下子女的目的似乎就是虐待子女。这类父母以虐待子女为乐，他们表面与常人无异，但内心如恶魔般丧失了人性和情感。②幼稚型父母也像没长大的孩子一样幼稚、不成熟，跟子女较劲，用打架的方式与子女斗争。③重复型父母幼时受到的教育是以暴力的方式进行的，以至于他们长大后，也以这种方式对待子女，在子女身上重复自己幼时所接受的教育模式。

对于被父母虐待的子女来说，他们很难重获信任感和安全感。因为，子女与父母的关系是子女成年后和他人建立关系的基础。如果一个人的父母在他童年时给予他尊重与情感上的慰藉，长大后，他也会希望别人这样待他。这种正面预期使人更坦诚且内心柔软。但如果一个人的童年充满焦虑、紧张和痛苦，那么这些情绪将会演化为负面的预期和偏执的戒备心理。

（6）**言语虐待型父母。**和操控型父母一样，这类父母也有两种行事风格：一是直接公开地贬损子女，二是间接地羞辱、攻击子女。

父母对子女进行言语虐待的常见原因有两种：一是争强好胜。父母为了保持自己的优越感而贬损子女。比如，因为担心女儿的容妆未来会在两性关系上惹是生非，母亲就会贬低女儿，让女儿感到自卑；或者父亲觉得自己的地位受到了儿子的威胁，就嘲弄儿子，让儿子认识到自己的渺小、无能。二是不切实际地期待子女十全十美。父母用激烈的言辞敦促子女，子女一旦失败，父母就向子女发起责难。父母的这种完美主义，可能导致子女的心理遭受重创。开始时，子女受父母的影响有了追求完美的意识，接着他们无法达成完美，就会形成拖延。因为拖延，手头上越积越多的事情让他们手足无措，最终因过度的压力而造成心理瘫痪。

（7）**问题家族体系。**问题家族体系，就像高速公路上的连环追尾，其恶劣影响会代代相传。这个体系不是父母发明的，而是从先辈那里继承的一整套包含感受、规则、交流和观念的体系，是逐渐累积而成的。

这种体系的家庭成员间的界限模糊。它要求每个人的思想、行为必须保持一致，认为不同即不好，不允许任何自主和独立。为了避免家庭中各种力量的均衡被打破，所有人都须遵守家庭规矩。当家庭现有的秩序被打破时，问题父母将通过否认问题的存在、推诿指责、强行阻挠等方式来应对家庭秩序失衡的危机。

第二节　问题家庭：告别与选择

从电视剧《欢乐颂》里的樊胜美，到《都挺好》里的苏明玉，再到《安家》里的房似锦，她们无一例外都有着一个“吸血成性”的原生家庭。与此同时，站在这些女性的对立面，对她们不断施压的都是她们家庭当中的女性角色——她们的母亲。

有网友甚至调侃说，这三个女儿和三个母亲凑在一起，几乎可以合拍一部《都挺惨》。虽然只是调侃的玩笑话，但话里话外充满了苦涩。因为剧中的这些女主角为我们讲述着这样一个道理：原生家庭带来的伤害始终难以磨灭。

在《安家》中，与“母亲”这个身份相比，房似锦的母亲看上去更像是女儿的债主。一开口，就问女儿要 100 万元，给儿子买房子。女儿不依，她就从老家来到女儿的公司门前撒泼打滚。她的前四个孩子都是女儿，直到第五个，才终于生下了一个男孩。从小到大，房似锦都是家中最多余的那一个，爹不疼，娘不爱，三个姐姐都嫌弃她。她是家里的出气筒，谁不高兴了都可以揍她一顿。初中刚毕业，她就被母亲逼着辍学，让她出去打工，顺便找个婆家嫁了，供弟弟上大学。即便后来房似锦远走他乡，在大城市站稳脚跟，也仍逃不开原生家庭对她的折磨。正因为有了前面这些不可调和的矛盾，所以房似锦后面与家庭决裂才显得大快人心。房似锦最后直接说出了积压已久的心里话：我和这个家没有任何关系，我说到做到！

这一系列的苦果，实际上却都只源于一个无奈、悲哀的现实——重男轻女的传统观念。在重男轻女的观念背景下，有多少女性从一出生便要遭受家庭的不公平对待甚至可能被抛弃，从而挣扎一生。小时候，爷爷曾告诉房似锦：“女孩子的命要硬一点，哭没有用，没有人会心疼你。”只此一句话，就道出了女性心中的悲苦与凄凉。

重男轻女对当下大多数年轻人来说，已经成了一个颇为遥远的概念。可国产电视剧却通过观照现实一次又一次地告诉我们，在现实中这样的观念其实从未远去。不少女性终其一生都活在父辈们重男轻女的阴影中，郁郁寡欢。身为女孩的她们不但得不到家长的平等对待，还要被动地背上原生家庭的包袱，甩不开，也逃不掉。她们中的另一部分，则是主动承担起家庭重担，为父母、兄弟不断托底，一边宽慰以泪洗面的父母，一边照顾不成气候的兄弟。这种主动的过度付出，有时更像是一种自我实现的追求。被动也好，主动也罢，归根究底，这都是一种畸形的成长状态。

在不健康的原生家庭里，没有人可以全身而退。他们的子女，一方面会在成人后带着童年的心理阴影，在人际关系里受到伤害或者伤害他人；另一方面，他们会在内心储存一种很久的恨，而这种恨是一种对失望且无奈的爱的替代。有的电视剧或电影，希望能在结尾有个圆满的结局。比如在电视剧《都挺好》的大结局中，女主角的父亲苏大强就是以老年痴呆的不幸遭遇，获取了女儿苏明玉的原谅。而现实生活里，在不健康的原生家庭中长大的人，经历了长年的坎坷和挣扎，难以抹平原生家庭留下的心灵创伤，家庭关系已成定局，无法立刻翻转那些既有过错。

那么如何摆脱不健康的原生家庭带来的伤害呢？答案应是：告别过去，学会选择。

脱胎于不平等家庭的房似锦、苏明玉、樊胜美，之后都通过个人努力，让自己成为了更为出色的人。房似锦成为了金牌销售，勇猛干练且生机勃勃；苏明玉成为了成功女性，对公司忠诚，具备很强的运作、处理事物的能力，同时也获得了相当水平的财富；樊胜美后来也成为职场的成功女性。

为了与原生家庭说再见，她们分别完成了以下三个步骤：①分清善恶，自我觉醒；②认清底线，学会拒绝；③坚持不懈，全力以赴。其中，第 1 ~ 2 步最为重要。只有清醒地分清善恶，我们才有可能将恶人成功地挡在底线之外。觉醒后的房似锦说："我的梦想，就是摆脱那噩梦一样的家庭。"与上一代秉持"重男轻女"的女性相比，当代女性有了相当明显的进步与提高。

当代女性提升的重点在于明白：自己不该如此被对待，重男轻女是不合理的。也正因为有这个觉悟，所以会痛苦于自己的不幸，也会更加深刻地意识到要改变、脱离。当然，解脱的过程并没有那么简单。上面提到的 3 个步骤虽然有用，但需要足够的觉悟、毅力、勇气和力量去摆脱沉重的过去。

个体心理学创始人阿尔弗雷德·阿德勒曾这样说：“幸运的人，一生都在被童年治愈；不幸的人，一生都在治愈童年。”这句话非常经典，深刻地说明了家族能量对后代的影响。包括房似锦、苏明玉、樊胜美在内的众多女性，以及那些有着家族创伤的人，无疑都属于后者。一个缺乏安全感的孩子，一个从父母那里得不到爱和回应的孩子，在成长中注定要经历巨大的伤痛。

父母的思维方式和行为模式，就像米饭菜蔬一样，一点一点地影响着我们的成长，其中有精华，也有糟粕。要除去糟粕，不是一件容易的事情。痴呆后的苏大强，常把苏明玉当成他妻子赵美兰；房似锦的日常坐姿，看上去也和母亲一样。

很奇怪，子女即便对家族或对父母有着极强烈的反感，一再想逃离，骨子里却有很多属于信念系统的东西，仍与原生家庭有着千丝万缕的联系。血缘关系是一种千丝万缕的复杂关系。人一旦与原生家庭决裂，带来的将不只有肉体上的剥离，更有精神上的撕裂。要想拿回真正属于自己的人生，不但需要放下原生家庭的信念系统，同时还要拿回属于自己的个体力量。

国内著名心理咨询师曾奇峰老师说背叛就是成长。这里说的背叛，其实就是在心里与这种家庭模式和那些陈旧观念告别。只有敢于告别与原生家庭那些限制性信念的共生关系，才能拿回属于自己独立的身份和力量。也只有选择了内在的独立，才能给自己一个更完整的人生。

只可惜，不少人最终都对家族的信念系统妥协，用一句“不管怎么说，她/他都是我妈/爸”来宽慰自己，把“孝顺”和“孝敬”混为一谈。“孝顺”是对父母不加区分地顺从和服从，甚至认为“天下无不是的父母”。这是一种自欺欺人的谬论；而“孝敬”是保持以孝为前提的对家族长辈的尊敬，同时对家族行不通的观念“敬而远之”。

也有学员把上述观点作如下解释：对待父母的确需要理解和包容，但是除了理解和包容，更要讲的是原则，什么人做事都不能超出底线原则，家人也一样。

人不能决定出生，却能够改变归宿。面对原生家庭重男轻女所带来的伤痛，我们不必强求自己去原谅，也不必苛求自己去释怀。面向自己的未来，集中当下的能量，过好自己的每一天，才对得起父母给自己的这条生命。就像房似锦说的那样：“我现在就喜欢轻松地活着。”

虽然大多数人都难以快速挣脱过去，因为挣脱过程本身会掺杂泪水和痛苦，但是可以多给自己一点时间，试着去告别原生家庭的信念系统，直到让自己变得更坚定、更强大。

第三节 没有绝对好的原生家庭

通过众多的案例，我们可以对原生家庭产生伤痛的原因略窥一二。遭受原生家庭伤痛的孩子，其父母身上都有些内在不成熟的特征。正因为这些父母的人格不成熟，所以会忽略孩子作为一个独立的人的基本情感需求，以各种各样的方式破坏着孩子内心的安全屏障。同时，没有多少家庭接受过系统的中国哲学和西方心理学思想的洗礼，因此很多抱怨父母不够好的儿女，根本不明白其父母经历了何种原生家庭模式，留给了他们哪些不好的烙印和问题。

在我的全息教练工作坊里，我们发现，有些家庭有世代流传下来的家族问题，比如暴力、冷酷、道德品行不良等。这些问题模式会代代相传，很难追根溯源，找到最终原因出自哪一代人。即便追溯到，人已作古，也无法把人揪出来问责。千万个家庭千万种模式，而这些模式就像变成了家族的基因一样，在不断被复制和被传承。因此，我们即便有源自父母的童年创伤，也不能直接去怨怼我们的父母，因为很可能是从我们的祖辈，或者是从更上面的祖辈那里延续下来的伤害。

20 世纪 80 年代以前，由于每个家庭的孩子普遍众多，大人忙于生计，大部分孩子都是处于放养的状态，除了受父母言行的影响，就是接受父母的暴力惩戒，这谈不上真正的受教育。计划生育政策实施后，一个家庭只有一个孩子，孩子在家中的地位空前逆袭。祖辈、父母集体呵护孩子，对孩子掏心掏肺，唯恐怠慢了孩子，却养育出许多巨婴型成人。

这两种模式，从结果上看，都是失败的养育模式。前者父母对孩子的忽视，可能引起孩子内心爱的缺失；后者对孩子的过度保护，阻碍了孩子独立人格的健康发展。

如今进入了第三种家庭模式。国家开放二孩政策，很多家庭又开始了多子女家庭模式。由于新一代父母的受教育程度普遍得到提高，国内图书市场涌现出大量的育儿类专业书籍，互联网也给家长们提供了即时获取育儿知识的渠道，在这样的环境和条件下，家长们科学育儿的意识和技能都得到了较大提高，养育孩子从胎教做起，进入了科学的养育模式。但是，这并没有出现更多完美的家庭和孩子，反而由于应试教育的空前压力，很多家庭产生了矛盾，孩子出现了更多的心理问题。

从以上三种家庭模式中得出一个结论：没有绝对好的环境，也没有绝对好的教育方式。即便是长久温和的养育，也抵不过父亲一次严厉批评给孩子留下的深刻烙印。这无不证明教育是个无比复杂的工程，因为人心是如此难以捉摸和揣测。

著名的钢琴家郎朗，为了实现父亲的音乐梦想，从小被父亲逼着苦练钢琴，完全没有任何游戏和玩耍的时间。郎朗 9 岁跟随父亲到达北京，打算扎根在京，发展音乐事业。然而事与愿违，在拜访第一位老师时，父子俩就遭到严厉拒绝。郎朗的父亲把在老师那里遭受的挫败感发泄到了郎朗身上，他扔给郎朗一瓶药说："要么你将这些吃掉，要么就更刻苦地练钢琴。"郎朗以为是毒药，当时就被吓到了，他坚决地将父亲的药瓶推开，愤怒地说："我凭什么要吃？"于是，父子俩又开始了在北京的音乐求学路。

你很难评判郎朗父亲的教育是成功的还是失败的，但是郎朗依靠自己的倔强和努力成就了比他父亲更精彩的人生。如今在面对那段往事，回忆数年来被父亲"逼迫"的弹琴岁月时，郎朗已经和过去和解，毫无怨言。这不得不引出另一句话，教育本没有好与不好，只有适不适合。

原生家庭固然重要，但对于什么才是真正好的健康的原生家庭这个问题，却只有在理论上找到答案。

《原生家庭》这本书的作者建议，学会对自己负责，需要做到以下几件事：

① 成为独立于父母的个体；

② 诚实地看待自己和父母的关系；

③ 面对童年的事实；

④ 承认童年的经历和成年后生活的关系；

⑤ 向父母表达自己真实的想法；

⑥ 面对并且消除父母对自己生活的控制；

⑦ 当自己的行为残忍、刻薄，伤害到他人时，改变自己的行为；

⑧ 找到合适的方式来治愈内心的童年创伤；

⑨ 重新获得作为成年人的权利和自信。

很多人是带着对过去的恨而生活的，当恨太多的时候，爱就无法进入，而一个没有被爱滋养的生命，要么走向枯萎，要么走向灭亡。若想要让生命重获力量，就要先放下恨，内心无恨，就是疗愈的开始。

有哲学家认为，童年决定了我们生命初期的生命质量，但成长却是我们自己一辈子要去完成的事情。有些人会将自己留在童年期，一直陷在对父母的怨恨中，拒绝改变和成长；而有些人，为了追求饱满而幸福的人生，从童年的茧中奋力挣脱，活出了自己喜欢的模样。

著名人本主义心理学家罗杰斯说道："好的人生，是一个过程，而不是一个状态；是一个方向，而不是终点。"换句话说，人生其实就是一个不断突破和成长的过程，童年的任何经历，都不是决定人生的枷锁，决定我们人生方向的不是原生家庭，而是我们自己。因此，我们可以在成长中不断修正和完善认知，尽力为下一代创建一个无毒无害的原生家庭。同时，不要将上一辈的问题当作我们拒绝成长的借口。

第四节 兄弟姐妹关系是朋友关系的镜子

俗话说，血浓于水。打虎亲兄弟，上阵父子兵。家庭的血缘顺序为：先有父母，才有兄弟姐妹，兄弟姐妹分别成家后，又分别有自己的子女。

从血缘关系上讲，和我们最亲近的应该是自己的父母。子女只有我一半的遗传基因，另一半来自我的伴侣。从基因遗传学的角度看，与兄弟姐妹之间的关系，应该要比我们与自己子女的关系更近一些。因为我们与兄弟姐妹同父同母，遗传基因大体相同，分别占据父母的 50%，身上流的都是同一血脉。因此，兄弟姐妹应该是除父母之外，这个世界上和自己血缘关系最为亲近的人。

但现实中，人们的情感顺序通常是这样的：自己的子女通常在心目中排第一位，然后才是我们的父母，最后才是兄弟姐妹。从心理角度也可以解释：我们对谁付出越多，对谁的感情就越深。因此，做了父母的人，对子女要比对自己的兄弟姐妹更亲近一些。

孩子刚生下来缺乏社会适应能力，父母必须全身心照顾孩子，投入感情、时间、精力以及金钱，渐渐地孩子甚至成了自己的全部。慢慢地，人们对自己渐渐老去的父母，会少一些亲近和照顾，普遍出现对孩子亲于父母的现象。

从社会学和关系学角度来说，子女和父母对我们来说是一样亲的，但是人一旦有了孩子，内心的天平会本能倾向孩子一侧，往往要在父母离世时，我们才会感觉到自己亏欠了父母。从传统的人性观念来看，父母是自己将来要赡养的人，而孩子是将来赡养自己的人，一个是无收益的付出，一个是有投资的回报，自然是跟孩子更亲。即便现代型父母已经摒弃了养儿防老的想法，却依然向下疼爱，因为这是人类的本能。

相比于孩子和父母，兄弟姐妹普遍在关系上要靠后。尤其是长大后，彼此间的距离（心理距离和空间距离）可能会越来越远，成家后更是各奔东西，很难朝夕相处，甚至可能因为财产、老人赡养问题而反目成仇。

1. 兄弟姐妹之间的恩怨是怎么形成的?

兄弟姐妹彼此亲密，也彼此疏离，却永远无法割舍。和兄弟姐妹一起长大的日子，有争吵，有记恨，但更多的是陪伴。

在多子女的家庭中，父母偏宠的情况应该是很普遍的，按道理会引发兄弟姐妹的不合。然而有意思的是，调查结果显示，那些父母对孩子的不公平对待，虽然让孩子对父母有了一些芥蒂，但绝大多数人在成人以前，与兄弟姐妹之间的感情并没有因此受到太大影响。

那么在成人以后，兄弟姐妹之间的关系为何会变得疏远，彼此之间的矛盾、恩怨是如何形成的呢？这里要分几种情况说明。

情况一，在很多家庭，由于生存条件的限制，造成兄弟姐妹之间的关系就是竞争关系：争吃、争穿、争玩具、争关注、争父母的爱、争公平等，什么都争。兄弟姐妹之间的关系就在这种长期的竞争环境中渐渐变淡，甚至出现破裂的情况。

情况二，在多子女的家庭里，父母一般都会对某个或某些孩子有偏向，这种偏向父母不一定能自己意识、觉察到，往往以比较隐晦的方式传递给孩子。比如，看到某个子女就会发自内心地笑，或投递出慈爱的、宠溺的眼神，或对孩子做一个爱抚的动作，等等。这些行为都会被孩子敏感地接收到、体会到，可能会让不受父母宠爱的孩子产生被忽视、自卑、嫉妒等心理，从而影响兄弟姐妹之间的关系。

情况三，兄弟姐妹长大成家后，分别有了自己的小家庭，这就诞生了他们各自的核心利益，这也是大家各自本能要维护的。为了维护家庭的核心利益，有时候甚至会侵犯或者伤害到兄弟姐妹的利益，彼此关系变淡变冷就不奇怪了。

情况四，就是相对于朋友来说，兄弟姐妹之间因为有相同的基因、血缘关系，在相同的家庭环境中长大，积累了很多情感，因此我们对兄弟姐妹的期待要高于对朋友和同事的期待。自己处于困境时，我们希望兄弟姐妹能率先伸出援手拉自己一把，仍能像小时候那样亲切和温暖，能把自己放在很重要的位置去看待，甚至期待兄弟姐妹像父母一样照顾自己……正是因为对兄弟姐妹有如此高的期待，一旦落空，我们就会特别失望、生气和伤心，行为上就会对兄弟姐妹表现出疏远和冷淡。

除了以上几种具体情况外，还有以下种种原因，也会导致兄弟姐妹关系疏远。

一是父母对孩子的疏忽，导致孩子在家庭里产生被忽略的痛苦。到青春期后，孩子在外受了情感上的伤害，就采取回避家庭、回避情感接触的方式与家人相处，宁可和朋友、同事、客户，或者网友一起聚会玩乐，也不愿和家人一起相处交流，避免与家人产生情感流动和情感联结。

二是重男轻女的糟粕观念使然。有些地区、有些家庭，仍然抱着“重男轻女”的思想不放，就会出现对男孩特别地偏袒，对女孩明显轻视和贬低，甚至把女孩作为给男孩谋福利的工具等不平等现象。父母的这种偏见，会极大地伤害孩子之间的关系，可能使孩子成年后彼此关系变淡。另外，不平等的关系也让男孩更加唯我独尊，让女孩缺乏自信和充满愤怒，不再愿意与兄弟建立良好、健康的手足关系。

三是生活空间逐渐虚拟化。互联网把现实中的大多数人都迁移到了网络，大家都习惯在虚拟空间里交往，喜欢在网上生活。我们和网上的人、虚拟的人、陌生人联系越来越密切，在网上我们无话不谈，并且能找到理解我们、懂我们的人。和志同道合的人在一起，我们觉得很快乐、充实，很有意义。反之，我们和现实中的熟人、亲人见面越来越少，即使见了面，还要随时看手机，接收手机网络上的召唤。我们可能几个月或一年，才能和原生家庭的家人见上一面，并且发现即使见面也无话可谈！渐渐地，彼此只剩下血缘和基因来维系关系，似乎谁也不懂谁，谁也不想懂谁了。

这就是新时代人际关系的特征。过去我们只和熟人联系、交往，父母、兄弟姐妹、老师、同学、邻居、同事等这些人都属于“强联系”范畴，“强联系”构成了过去生活的绝大部分内容。而现在，人们普遍在网上和网友、群友等有着共同兴趣爱好的这些“弱联系”人群越来越亲近。从强联系到弱联系，这是时代发展的趋势，是互联网对传统人际关系的巨大颠覆和改变。

2. 学习接纳，比强求和解更有效

近些年来，随着对心理学概念的熟悉，我们似乎越来越倡导与原生家庭和解。于是，我们每个人都硬着头皮上，有条件的上，没条件的创造条件也要上。目标似乎非常明确，要想走出原生家庭魔咒，和解是一条必由之路。可是，我们可曾想过，真正破题的误区往往在于：表面上宣告关系的分裂并不一定断掉传承，而表面上关系的勉强和解并不代表关系的和谐。

最理性的选择是看到真相，更尊重真相。因为，有一个重要的事实是：也许由于时间不到或人不对，在很多家庭中，“告别限制性信念的传承”与“和解”两个选项，是此生都不会发生的。著名心理学专家武志红认为，如果一件东西，我们不要尚且还好，“要而不得”才是最让人崩溃的。这个时候，和解的目标受挫，就有一股能量升腾起来，要么指向对方，要么指向自己，要么指向关系。换言之，要么伤害对方，要么伤害自己，要么伤害关系。这时，更合适的方式似乎只能是：退一步，先学习接纳，然后在心灵上对所有发生过的伤害告别，这就是接纳现实。学习接纳，比强求和解更有效。

也许，那些过去的经历和事情，那些既往的创伤和痛苦，让我们之间有一道裂痕，不知如何下手去修复。不妨就先让它存在，尊重伤痕本来的样子，欣赏伤痕的美，也感受伤痕的痛苦。只要彼此退一步，慢慢地，彼此的关系很可能会在各种可变因素的碰撞中瓜熟蒂落。

3. 人际关系的交往都是局部交往

说到底，从兄弟姐妹的相处到社会交往，我们都是在和一个人局部交往。之前给一个人打 90 分，是你看到他好的那一部分，现在给同样一个人打 30 分，是你不喜欢他的那部分占了上风。

曾经想，女人之间之所以关系那么好，可能是因为有那么多东西需要分享。20 岁的女人分享好吃的、好玩的、好用的；30 岁的女人分享关于美、关于孩子的一切。渐渐地，生活将我们打磨成不同的样子，就像当年同一筐葡萄，如今被酿成了不同风味的葡萄酒。我们不可能因为喜欢一个人就喜欢她的一切。

打开你的通讯录，是不是发现你有不同种类的朋友？跟A只聊孩子，最好别一起看电影，你们永远无法意见一致；B是瑜伽老师，可千万别对她的专业指手画脚，所谓隔行如隔山；C就是在闲鱼上认识的，聊聊有什么闲置物品还不错，但别扯到最近读了什么书……你如果还跟一位不错的职业成长规划师建立了联系，那就更好了。也许，朋友和同事都解决不了的心头大患，求助专业导师才是硬道理。

我们自己当然也是别人生活的局部。那些朋友经常向你求助的内容，就是他们更愿意与你交往的局部。你的局部分支越多，与朋友的联结就越多，你的人际关系也就越多元，越和谐。

这就是为什么有的人总是让你觉得有趣，因为他们总有幽默、漂亮的局部；有的人却让你觉得乏善可陈，恨不得立刻清理了他；还有的人就算毛病一大堆，你依然乐于交往，因为他的局部太丰富了！

朋友圈里卖货的朋友没有错，她大概只是用力过猛。或许她可以多在朋友圈展现自己享受优质生活的能力：一株精心培植的绿植、一款漂亮诱人的蛋糕、一桌色香俱全的美食……当她将自己构筑好的美好生活像画卷一样展现在朋友们的面前，朋友们愿意认同她这个人设，同时也就心甘情愿地买单了。

因此，我们可以把自己打造成一个有趣的、多向度的人。当我们在某一面不受欢迎的时候，总有另一面可以被人欣赏。同时，热爱生活、对新事物保持可贵的好奇心，总归会吸引到一批同频共振的人。

4. 恰当的界限感是友谊长久的秘诀

很多人在人际关系中缺乏基本的界限感和分寸感，所以往往有了朋友又会失去朋友，付出不少却没落好，过得特别拧巴。

什么是界限感？就是指在人际交往中，既能与人保持亲密的友谊，又能与人保持必要且适当的距离。即使是再亲密的家人和恋人、师徒和朋友，都要给对方留够私人空间。

在人际交往中，与对方保持必要且适当的距离，给对方留有私人空间，就是要懂得尊重对方的选择权。不能因为你跟对方很熟，比如有血缘关系、师徒关系、朋友关系，就可以享受特权，或者允许自己的家人在没有与你取得共识的前提下，随便介入自己的事业圈子或朋友圈子，进行评判或者横加干涉。这都是让自己失去朋友信任，甚至失去事业发展机会的重要根源。如果你真是一个内在成熟、有独立人格的人，你就能够让爱你的人真正尊重你。

常常有学员问我，为什么有些人是大家公认的好人，却没有受到身边人的尊重？我并不清楚对方所说的“好人”是什么标准，也不知道这些好人所处的环境，我只是在这里贡献一句我所能够贡献的提问，那就是：请这些“好人”反观一下自己的人设，究竟是在怎样的关系范畴中建立起来的？

孩子成人后的世界观、人生观、价值观，都是他们自己在成长过程中不断挖掘和探索形成的。即使作为他们的父母，你能做的只是引导，而不是干涉。你的孩子结婚后，即便你是公公或婆婆、丈母娘或老丈人，也最好不要介入孩子的婚姻矛盾。给孩子们空间去独立处理各种事务和矛盾，就是给他们成长的机会。在一个国家，你违背法律，有法律管着；在一个企业组织，员工有规则和契约管着。所有的父母企图用一己之力对子女进行干涉或保护，结果都会因为越界而让自己与子女的关系更糟。

越界习惯的根源，往往来自一个人的过度自恋。所谓过度自恋，就是对他人极为不信任，对自己盲目自信而导致的“自负”现象。这种人如果自己不觉察，就会做事常常越界，结果就会遭到周围人的嫌弃。这也叫没有分寸感。

有分寸感的人，相处起来会让人感觉很舒服，这也是一种能力。分寸感的形成可能是来自家族教养，也可能是来自对生活中经验教训的总结。所谓分寸，就是一定懂得什么样的事不可以做，什么话不该说。因为有内在的善意在，就既不会阿谀奉承，也不会对人进行恶意攻击；可以表达情绪，却不会情绪化地表达。有分寸感的人，都会懂得这样一个道理：话出口容易，收回很难；冲动很容易，对结果负责任很难。

“分寸”就是“度”，讲究分寸就是尊崇适度。人与人相处需要注意分寸，保持适度距离，既不拒人千里，又不与人过分亲昵。请正确理解“君子之交淡如水”，“淡如水”指的就是给予彼此空间，“君子之交”才能细水长流。

世上没有两片完全相同的树叶，也没有两个一模一样的人。人与人之间的差异体现在形体相貌上，更体现在气质禀赋上。朋友与朋友不管怎么情趣相投，都不可能亲密无间。两个小孩整天在一起玩耍，仿佛不分你我，但随着年龄增长，即便没有洞明世事和练达人情，也会感到彼此均是迥然不同的个体存在，有着各自独立的生活空间。关系再好的朋友，彼此的生命与生活可能会有交集，但永远不可能重合——如同冬天里两个相互取暖的刺猬，看似紧挨在一起，实际上彼此还会自然保持一段空隙。

每个人都有自己相对独立的生活，也有着不允许和不愿意让他人涉入的空间，维护生活空间的“私域性”，会使我们每个人活得轻松、自由、惬意并且获得安全感。哪怕是知心朋友，一个人也不应对另一个人的生活介入过多，否则就会越过两个刺猬相互取暖的距离，造成好心办坏事的尴尬结果。

每个人在生活中都不可避免地会遇到伤心事，一个人的伤心事可能会让遭遇者本身情难自已，然而在他人眼里往往并无切肤之痛。我们不要随便评判他人的悲伤值不值得，如果能聆听，就静静地做个陪伴者。换个角度看，很多时候，我们要学会独自消化自己的悲伤，对好朋友倾诉也要适可而止。毕竟在人群中形成“祥林嫂效应”，会导致很多人的远离。

“萝卜白菜，各有所爱”“你不能做我的诗，正如我不能做你的梦”，这些话都指向一个道理：每个人的爱好、志趣都不尽相同。人与人之间，包括朋友之间，都要互相尊重对方的爱好，善于站在对方的立场思考，不仅要“己所不欲，勿施于人”，而且应将“己所欲”也“勿施于人”。

生活中，可能也有人喜欢用性格直爽作借口：“我说话就这样，你别介意。”直言不讳并不等于口无遮拦，掌握分寸和尊重才能避免在人群中人微言轻。真性情虽好，也要适度，友情亦是如此。友谊中的小小裂痕，就是从这些不当回事的事情中产生的。不一样的朋友之间，有不一样的相处模式，但是就算再好的朋友，也没有义务去包容对方以“真性情”为借口进行人身攻击。

真正的友谊，是应该建立在互相欣赏、互相尊重的基础上的。如果你们是朋友，就纯粹做朋友；如果你们在一个企业组织里合作，一开始就要自己明确身份定位，接受企业发展的一切规律和规则，包括接受当自己不适应企业的发展时的适时退出机制。

人生一场，谁走进你的生命里，是由大家的经历决定的，但谁能停留在你的生命中，却是由你自己决定的。出言有尺，嬉闹有度，做事有余，一段关系才能更长久，彼此尊重，才有真正的朋友。《菜根谭》有言：使人有乍交之欢，不若使人无久处之厌。与朋友相处保持分寸，是一种修养，也是一种教养。注意分寸，才可能与朋友永久交好，友情方能春天永驻。

5. 关系有界限的具体方法

方法一：对生活保持好奇的态度，但不过度关注他人私生活，不随便去批判和干预他人的人生，不随便做好坏对错的结论评判。即便对方主动跟你交流他自己的事情，主动征求你的意见，也要话留三分，不对任何人进行道德攻击和评价。

方法二：与人相处保持恰当距离，不要因为“我们很熟”就可以为所欲为。熟不讲理，很容易导致关系的结束。为人至少要真实，如果能做到真诚就更好。不能“知行合一”地做人，或者生活中整天处于“圣母”“圣父”的完美状态，企图活成众人的榜样，这些都会让人觉得无法与你平等交流，对你敬而远之。当然，如果你有出言不逊、低级趣味、举止轻浮、好吃懒做等行为表现，更会让朋友远离你。

方法三：即使再好的朋友、闺蜜，包括家人，都要保持必要的界限，保护好自己的财富，明确区分双方利益。人最可能因为钱财和各种失败交易而丢掉夫妻情感和家人情分。感情归感情，金钱归金钱，亲情归亲情。人际交往最核心的原则是要知道自己在各种关系中的地位，明确自己在一个家庭中的身份定位。孩子与父母之间彼此尊重，比愚忠愚孝更有利于关系的健康。

6. 不高估自己与他人的关系

真正成熟的人，是很清楚人与人之间的界限感和分寸感的。他们也许未必能看清这个世界，却能理清身边人与人之间的关系。他们懂得的道理很简朴，那就是：与人方便，与己方便。

内心成熟的人，永远不去对他人承诺自己做不到的事情，只有这样，才不会祸害自己，也不会宠坏他人。内在的成熟与独立，可以帮助你在道德上不绑架他人，也不会被他人绑架。

在成长型思维体验式的课程里，我设立了一个项目，就是去体验生命的列车一路前行。在这个过程中，有人上车，也有人下车。你会遇见新的人，也会在某次不经意的道别之后，便永远失去某个人。

北岛在《白日梦》一诗中说："你没有如期归来，而这正是离别的意义。"或许连你自己都没有发觉，你一生中大多数的遇见，其实最终都指向别离。而这个结局，在与很多人的第一次见面时，就已经写好了。人生本就是一个不断遇见、不断道别的过程，聚散都是生命中必须经历的体验。

很多感情，可能处着处着就淡了；很多人，可能走着走着就散了。这里面可能有价值取向的分歧，也可能有行为方式的分歧。接纳所发生的一切，并且看到分歧的必然性，不强求和解。世间事林林总总，纷繁复杂，经历过了，不管好坏，就都当作一种成长。

那些曾经的人情冷暖与聚散别离，无非都是想给你一个忠告：不要高估自己和任何一个人的关系。世界那么大，没有谁离不开谁，也没有谁不会离开谁。生命来来往往，那些出现在你岁月里的人，终究都是来去自由的。

应持着这样的交友信念：既不要把别人看得太重，把自己看得太轻；也不要把别人看得太轻，把自己看得太重。你总要在有限的生命里学会告别，学会体面地去接受那些无法挽留的人的离开，而不是在每一次分离时都惊慌失措，泪流满面。

每个人都是一个独立的个体，没有谁是为谁而生的。真正一辈子属于你的人，只有你自己。所以，不要想依赖任何人，要相信所有的分离背后，早就有一些必然的逻辑。

你的孤独，要靠自己驱散；你的幸福，要靠自己追赶。在与任何人和解之前，请先与自己和解。

第五节 相关案例

1. 与父亲和解，与自己和解

被采访人：外企职员 方圆（化名）

背景：一个在父亲的棍棒教育下长大的川妹子，带着对父亲暴力的抗拒，坚决地离开家乡，来到北京工作、结婚、生子……直至与父亲断绝了来往。正当她准备全力投入新生活时，婚姻却出现了问题。她不得不停下来，开始探索父亲、探索丈夫、探索男人……最后，转向探索自己。

来暖光课堂后，她终于发现了一个秘密：越是抗拒父亲，越容易把父亲的能量带进自己的生活里。于是，她用了两年时间，只做了一件事：重新看见父亲，重新解读父亲。果然，奇迹出现了……

（1）对丈夫的选择其实是关于父亲的“投射”

孙瑜：还记得当初你走进课程时，第一次分享的是你与你父亲的关系问题。其实，当时你已经在北京组建了自己的小家庭，有了两个孩子，有了比较好的一份工作。你和你父亲早就不在一个城市居住，是什么让你意识到需要再回过头来面对与父亲的关系问题？

方圆：现在距离我第一次走进暖光课堂，已经过去快三年了。到现在才说真相——其实，当时我面临的直接问题，是我与丈夫的关系濒临破裂。我和丈夫有一儿一女，别人眼中的和谐幸福背后，其实是我和丈夫的长期冷战。我早就无法接受这样的婚姻状况。如果一辈子都要忍耐和压抑，那么人生又有什么意义？我不想为了一段失败的婚姻搭上一辈子。可是内心又有不甘啊，毕竟，这个婚姻的选择曾经还是让我获得过快乐的……我不禁问自己，能再把那份感觉找回来吗？

我抱着试一试的心态，来到暖光。通过课程学习，我突然明白一件事，我对丈夫的选择，其实是关于对父亲的“投射”！也就是说，在我与父亲之间的创伤没有得到治愈之前，我在对丈夫的选择上和与丈夫的日后相处中，是不会带着一个“成人心态”去进行的。丈夫像个屏幕，我自己是电脑存盘，透过父亲这个投影仪，发生一场错位的投射。这时候，我们夫妻关系的本质其实是我和父亲关系的呈现，想要从根本上转变我的婚姻关系，就要先转变我对父亲的态度。

父亲确实是一个相当暴力的人。从小到大，我不知挨过父亲多少顿打，往死里打的那种，这种阴影一直压得我喘不过气来。每次我面对父亲，不是像其他女儿一样感受父亲的慈爱，取而代之的是对父亲的对抗和埋在心底深深的恨。我也很无奈，谁能选择自己的父母呢？所有的伤和痛只能掩盖在心底，不碰就不痛，然后一直逃避。至此开始，我选择谁与我走入婚姻，都会带着“理想父亲”的影子，期待丈夫给我不同的呵护与补偿。带着这种心态进入婚姻，结果肯定不尽如人意。后来我们有了两个孩子，我们的婚姻生活就是孩子成长的土壤，我其实已经看到了我们夫妻不和给孩子带来的负面影响。课程给我最大的提示是：必须要重新梳理自己和父亲的关系！

通过在课程里的深入学习，并不断作为其他学员的教练，我一步步学习到如何与父亲和解。在系统排列场域里，当我看到父亲的暴力根源，是跟父亲自己无法言说的原生家族隐性动力相关时，我一下子就原谅了父亲。我看到我与父亲的对抗，实际上是对一种家族集体良知的传承，并且如果不看见不觉醒，可能世世代代都会把这种传承继续下去。想到这里，我的心在颤抖……

（2）都期待对方改变，结果却让关系陷入僵局

孙瑜：与父亲的和解，本质上是你与自己的内心的和解。这在家族系统隐性动力上，本身就是一种很好的转化。后来，你在暖光导师学院的亲子培训师训练中，数次参与“醒觉你的爱”课程的授课环节，也在更多家庭里看到类似的故事。

方圆：我真信了这话：幸福的家庭都是相似的，不幸的家庭各有各的不幸。我主持亲子课程的授课环节时，看到了更多的家庭故事，发现了一点规律：凡是问题多的家庭，每个人都希望对方改变，证明自己是对的，长此以往，家庭

成员的关系自然陷入僵局。正如我当时的婚姻状态，想要扭转僵持的局面，总得有一个人要先愿意剖析自己。

如果把男人比作“天”，把女人比作“地”，男人能不能“顶天”，还跟女人能否厚德载物地“立地”有关。作为一个妻子、一个母亲，想要家庭幸福和谐，与其整天与男人争对错、拼能力、斗贡献，不如首先懂得给予丈夫尊重，给予一个男人内心真正需要的东西，才能让男人真正专注于工作。所谓“女人是家里的风水”，并不是迷信，而是指女人的“德”和“能量”的部分对一个家庭的重要性。

（3）让先生进课堂不是目的

孙瑜：你公公患了重病以后，丈夫也走进课堂跟你一起学习了。在这过程中发生了什么事？

方圆：在我第一次走入课堂时，先生就不支持。他非常理性，认为所有的知识与力量都是来自书本，都应是科学的，而这种心理学的东西不靠谱，没有验证，没有依据。但我的体验只有我自己知道。我学我的，让他进课堂并不是我的目的。我通过转化自己的信念，让这个家恢复生机。我有能力创造痛苦，就有能力创造幸福。

此时，患病多年的公公病情突然加重。因为我们与父亲不在同一个城市生活，丈夫探望父亲要往返于两个城市之间，又要兼顾工作。一段时间下来，他疲惫、恐惧、自责和纠结的情绪同时爆发，变得沉默不语，让原已变得轻松愉悦的家庭气氛再一次压抑起来。此时的我不再像过去那样指责、抱怨、看不起他，而是对他充满了心疼与理解。我无法代替他去经历这些痛苦，却意识到推他走进课堂的时机到了。

奇迹发生了。在他参加课程的第三天，公公就可以坐起来跟我们视频聊天了，突发的病情缓解了。虽然公公的生命最终还是没能熬过当年7月，最后安详地离开人世，但却没有留下任何遗憾。在一年多的时间里，我着实看到了先生的变化，保持理性的他对我和家人打开了心扉，投入了更多的情感，他与周围人的各种关系也在发生变化，处理问题也越来越成熟。丈夫把父亲的后事，也处理得有条不紊。

（4）夫妻关系是一切关系的关键

孙瑜：每个家庭都有很多关系线条需要处理。比如，有了小家庭，除了夫妻关系，还有与双方父母、兄弟姐妹的关系，与朋友的关系，当然还有在事业发展上的一些关系。我看到你如今在几条关系线之间能够做到游刃有余。

方圆：在关系线里，只要把夫妻关系放在第一位，就抓住了关键。当初，我是因为和丈夫的关系无法调和才促使我走入课堂的，也就是说，即使我和父亲有着长达三十多年的矛盾，也没有让我有想要解决的动力，无疑夫妻关系才是我真正的痛点。

在工作中，因为无法理解老板，无法和老板和谐相处，我也提出过离职。学习了五伦关系后我才明白，我和老板的关系也是我和父亲关系的一个呈现，因为无法接受父亲，而无法接受老板，因为无法和父亲沟通，也不懂和老板沟通，这之间的模式是一样的。当我梳理好跟父亲的关系后，我和老板的问题也迎刃而解。

在梳理与父亲的关系时，我也看清了父母之间的关系对于一个孩子成长的重要性。曾经以为，夫妻关系是与我和丈夫相关的，跟孩子没太大关系。慢慢地，我从孩子身上出现的问题看到了夫妻关系对他们的影响。孩子不止一次向我们表达出“希望爸爸妈妈幸福快乐”，这其实是孩子内心的渴望，正因为他们体会不到，所以才渴望得到。孩子小的时候聪明活泼，越大越表现出注意力不集中、成绩下滑等问题，老师的报告电话也越来越多……怎么解决这些问题呢？是报课外班，专门练习集中注意力，还是找私教，给孩子补习？不是没试过这些，但后来发现，这些方法都是治标不治本，根源还在我和丈夫的关系问题上。

我尝试过跟丈夫摆明现状，要求他配合，改善我和他之间的关系。但这只产生了一时的效果，无法长期保持。因为这是要求，就像上级对下级。真正的夫妻关系是平等的，是相互尊重的，所以我放下了自己的要求，放弃了想要对方改变的念头，从他的需求出发，先改变自己。他需要空间，我不再喋喋不休，给他空间让他做自己想做的事；他理性，考虑问题周到、全面，但时间过长，于是我放下对速度的要求，给他时间慢慢思考；他出门时，我给他一个温暖的微笑；他回家时，我起身相迎；他因加班应酬回家晚了，我不再电话催促，代之的是信任，让他踏实放心地处理完工作……在他面前，我只是做回一个女人、一个妻子原本如水般的温柔。渐渐地，他开始回应我，一个微笑、一个拥抱，话语越来越多，周末还会主动提出和孩子一起活动……这不就是我一直想要的生活吗？这不就是孩子一直希望的幸福和谐吗！

（5）父母关系因我的成长而走向和谐

孙瑜：你的经历，是一个典型的在五伦关系里由于两性关系的震动，让你通过与父亲关系的觉醒，慢慢对每条脉络觉知的过程。每条脉络梳理清晰可见，过程体验非常珍贵，成果是让所有的家庭成员受益。

方圆：特别明显的是，当我一心一意专注于改善我和丈夫的关系时，孩子的成绩也明显有所上升，老师对孩子的表扬也明显增多。而更神奇的是，从小到大我一直期盼的父母关系和谐也在不经意中悄悄实现！

我从初中开始就没有和父亲一起生活过，从工作之后就再没有和父亲联系过。去年，因为小儿子需要照顾，母亲当时身体不便，于是父亲主动提出过来帮忙。这是我和父亲在多年之后的第一次朝夕相处，两人有很多不同的习惯，矛盾和磨合可想而知。后来母亲在身体恢复好之后也过来了，父亲提出离开，我一点不奇怪，以为父亲还是过去那样。后来母亲告诉我，父亲不适应北方的气候，背上、腿上、胳膊上都挠破了，各种保湿护肤的方法都没用，他却一直不要求。这就是父母之爱，不管年龄有多大，有多少困难，他们都要自己克服，他们一直在我背后默默支持着我！

再后来，我发现父亲每天都会给母亲打好几个电话，母亲都会耐心地接，这和原来大不一样了。因为父亲原先的暴力习惯，不光是对我，对母亲也一样。我一直都是在父亲的暴力、母亲的抱怨中长大的。过去，他们在电话中从来都是怒言相向，而现在，母亲回到父亲身边时，还会招待父亲的朋友聚餐，感谢他们平时对父亲的照顾。这是我印象中母亲第一次为父亲做点什么。

母亲的转变令我惊讶，我也好奇地问过她：“是什么让您转变了三十多年来对父亲的态度？”母亲这样回复我：“正是因为这一年多亲眼见到你的变化，和你们小两口的变化啊！”

原来，大家想要的和谐，只要一转身，只要觉醒，就能看见！

2. 我曾被“孝顺”误导

被采访人：机关工作人员　苗苗（化名）

背景：这是一位平时连说话都很少大声说的“乖乖女”。生活中，她没跟父母商量的事，几乎不敢自己做主。她以为这是“孝”，因为社会上曾经流行一种这样的声音：孝顺孝顺，要“顺”，才是“孝”。

参加暖光课程后，她首先读懂了什么是成人，什么是真正的爱，什么是尊重，什么叫选择。

之后，她父母发现这孩子突然变得“主意正了”，敢对父母说出自己不赞同的声音了，连恋爱也坚持自己的选择了……父母开始有点不安：“你到底上了什么课？”

（1）父亲的话，该怎样听？

孙瑜：与那些生活中已经遭遇困境的人不同，你的人生几乎没经历什么大的挫折。你是家里的独生女，性格又温顺。是什么动力让你坚持学完课程的？

苗苗：其实，推动我走进课堂的，是我的第一个实习单位——卫计委培训中心。我看到凡是学完暖光课程的人，都由内而外地散发出一种力量。尤其是我们的培训中心主任，她经常去暖光教室，用她专业的教练能力为生命服务，让我很是敬佩。我的内心世界被她感召，这种善良种子的传播方式，深深吸引着我。

当时，我也第一次遇到隔辈老人的生老病死问题。亲人的重病让我不知道如何面对，不能接受亲人的死亡。通过课程的梳理，我才发现，是我长期以来潜意识里对父母的“效忠”情结，导致我把父亲的责任转嫁到自己身上，变成自己的压力。而那时的我又根本扛不动这样一种过度的责任，才让情绪走入了“死胡同”，根本问题是我对父辈位置的越位。

在我的成长历程印记里，父亲是个高大的存在，他什么都知道，什么都能解决，谁的事情也都想帮忙，是个挺操心的男人。当有一天，我发现，他也有事情解决不了，甚至面对不了，也会陷入焦虑的时候，我却无法接受父亲这个新的形象。我很想帮他解决事情，让他消除焦虑，但心里真正的意思是不接受父亲的脆弱一面，想让父亲重新回到那个无所不能的位置。

这时候，我选择了暖光的课程，开始一个一个地剖析“爱”“尊重”“选择”的概念和意义。而这些概念，在过去我都是被动接受父亲灌输的。当课程的很多理念开始冲击父亲教给我的那套体系时，最恐惧的当然是父亲。

父亲发现我走进课堂后，独立意识在建立、增强，于是加大力度对我进行说教，以“过来人的经验”“都是为了你好”“你是我女儿，我不会害你”等说法来引导我走回“正路”。我明白，我这个处于刚刚大学毕业、准备参加工作的阶段是与父母发生再次分离的酝酿阶段。我的思维不可避免地要与父亲发生一次博弈。

人生，从此是听我自己的，还是顺从父亲的？那时起，这个问题正式列为我在课程里真正需要解决的人生课题。

（2）被动外求，就会被评价控制

孙瑜：“孝”是不是等于“顺”？确实需要区分，可能一字之差，却失之毫厘，差之千里。

苗苗：暖光的课程是循序渐进、逐步深入的。从第一阶段到第二阶段，从“受害者”思维转变为“负责任”思维，这种转变对我来说是翻天覆地的。我一下子跳出了多年来的思维习惯，真正理解了成人世界与孩子世界的根本区别。成人世界懂得“负责任”，而不是“背责任”。“负责任”，是一种向内求的方向，是自己永远有选择权的心灵自由的表现；而“背责任”，是一种受害者的被动外求心态，是束缚、是压抑，最终只会导致逃避。

我们的父母身上，都会有限制性的信念，盲目的顺从或是激烈的抗拒这些信念，都会让爱停止流动。生命的传承规律，应该是下一代强过上一代。作为孩子，我们要搞清楚自己分别传承了父母身上的哪部分特质，同时也要清楚自己的独立特质。我是一个独立的可以为自己的任何选择负责任的生命个体。所谓觉醒的爱，就是跳出盲目的继承模式，弘扬家族行得通的那些部分，接纳和转化那些明摆着行不通的部分。如果绝对地以“顺”为孝，极可能会把限制性思维顺延给下一代。

进入课程学习的第三阶段，我才开始了真正意义上的蜕变。在很长一段时间里，我陷入了“死胡同”，一方面看到自己有很多的“行不通”却无力改变，另一方面我以为的“我明白”“我懂得”，成为证明“我是对的”、教育别人的资本，而背后其实是更深层的不自信。随着课程的深入，一个不断外求肯定，潜意识里被别人的评价控制的小我形象日渐清晰。我才发现，原来长期以来我紧张于父亲对我的否定的行为，与恐惧外界评价的行为是一脉相承的。聆听他人对我的任何反馈，恰恰能让我借助镜子更完整地看自己，是一种让心灵更自由的方式。人与人之间，以爱为出发点，建立心与心的连接，彼此有效支持，实现共同成长，才能真正做到爱的流动。

（3）“孝敬”比“孝顺”更接近孝的本质

孙瑜：记得那段时间，你正处于与男友建立恋爱关系的阶段。对此，你父母对你曾有一些微词，但你坚持了自己的选择。这对你这个“乖乖女”来说，也是一种突破。

苗苗：是的，在选择男友和职业方面，我与父母的看法和意见很不一致，那段时间在这两件事情上同时遇到了选择的难题。

在第四阶段首周的家庭系统整合环节中，我看到原本在我眼中那么强大、无所不能的父亲，竟然还有如此脆弱的一面！妈妈相对于爸爸的强势，爸爸希望牵着我的手，希望得到我的力量和支持，以及妈妈与姥姥之间的关系疏离……这一切出乎我的意料，也让我无所适从，所幸最后用一个理论解读了我长期以来不解的问题的本质。在那个时刻，我顿悟了什么是序位，什么是平衡，更懂得了什么才是尊重自己内心所作出的选择。

对父母的任何反对意见，我先接纳，我知道他们是为了我好，才会以他们的经验提前告诉我将来可能发生的情况。但是我也告诉他们，我自己比父母更了解男友本人和他的家庭。选择丈夫的核心标准，是在我需要的时候，我俩总可以在一起。还有什么条件比两个人有相同的价值观、相互携手、踏实前行更重要？

在我一次次平静而笃定的表达中，父母看到了我坚定态度背后的成熟，反而放下了担心和当初的执着。因为在父母眼里，没有什么比孩子自己触摸到幸福更重要的了。

第四阶段的整合和人格认知，让我明确了自己的生命方向。最好的家庭序位，是爸爸妈妈手牵手，在我背后鼓励、支持我自信勇敢地前行。也是从那时起，我和爱人一起建立小家，真正开始学着把双方的两个大家族慢慢融合，建立新的和谐系统。

现在，妈妈的退休生活过得丰富多彩，她参加唱歌、跳舞比赛，做着自己喜欢做的事，充满活力。父亲的心情也放松、平和，脾气也比以前柔和很多。他慢慢从自己狭窄的经验圈里走出来，甚至试着去认同更多的可能性，尝试更多的生活爱好。

基于结果，我现在更认同“孝敬”这个词。真正的尊敬，是一种对彼此的尊重，有了这个尊重，小辈对老辈才会身心合一地“孝敬”。其实，天下所有的父母，都是想要看到子女过得幸福。子女真正有独立能力过好自己的生活，才能让父母放心，才是对父母最好的孝敬。如此看来，“孝敬”比“孝顺”会更接近“孝”的本质。

（4）成为给孩子自由空间的新时代父母

孙瑜：婚后有了孩子，你们这对小夫妇做了父母，又有什么新的体验？

苗苗：从怀孕到宝宝出生，我亲身经历了一个生命从无到有的过程。我曾幻想，有了宝宝一定要给她最好的教育和爱。当宝宝真正来到我的生命中时，我只想要看着她、陪着她。渐渐地，这个小生命越来越健壮，越来越有自己的思想和意识。我也越来越清晰地明白，她只是经由我来到这个精彩世界，我爱她，但她不属于我，她只属于她自己，她是带着一个美好的使命来到人间的小天使，我要做的是和爱人一起为她创造一个安宁、平静的家，给予她养分和引导，尽我们最大的努力让她传承家族的美好，让她能够自由快乐地成长，去完成她本该完成的使命。

每当孩子吮吸我的乳汁的时候，我感受到爱正从我的身体里流向她。我深深地感受到，这个生命是我要全权负责的。但是，这种负责并不是掌控，而是有立场的爱。我们的育儿模式可能多少都会受到来自双方父母的影响，我在深深感恩老人帮助的同时，也有一份坚定的立场：对孩子的教育、引导决不能完全由隔辈老人替代完成。虽然我知道，这需要我和爱人站好立场，与老人进行多次有效沟通才能实现，但我们必须做。

我和爱人正学着做爸爸妈妈，发现给宝宝最好的爱并不是那么容易就做到的。我和爱人慢慢学，慢慢摸索，经历了其中太多的未知、无从下手、愤怒、懊恼。爸爸妈妈也会犯错，同样，我们也要给宝宝一些犯错和改正的空间。在父母所处的那个时代，由于心理学相关知识和教育还没有得到广泛普及，所以他们不会敏锐觉察到自身犯了什么错。而我们这一代，学会了觉察自己，这就给了我们的孩子一个新的自由空间。

（5）有了孩子，夫妻生活可以更丰富

孙瑜：你有了孩子，又要兼顾工作，这个过程确实充满了挑战。你未来的生活规划是怎样的？

苗苗：有人说，有了孩子，夫妻俩的感情就顾不上了。但我想，有这样一种可能：有了孩子，夫妻二人也可以像没有孩子的时候一样，创造二人世界的相处模式。虽然客观上，我们要把更多的资源和精力放在孩子的成长上，但正因为有了孩子，我们日常讨论的话题就增多了，反而使我们的夫妻生活更加丰富多彩。

工作对我来说，更多的目的是服务家庭。工作不仅可以给我提供经济收入，还可以给我提供另一个独立成长的舞台。有了孩子的我，如今更多了一份创造力。在与孩子共同成长的路上，我会不断更新升级“旧”的自己。

那么接下来，我正在做的，就是感召爱人、孩子、双方父母和更多的亲人和朋友来到成长的舞台、来到系统的世界，在这里，我从来不孤单。

我期待着每一个未知的明天，体验每一个精彩的当下。

3. 年过45，重学做“老母”

被采访人：中学女教师　彩霞（化名）

背景：几年前，我在上海的一个国外导师课堂里，遇到了一位焦虑的母亲。

她的两个女儿，一个在读高中，一个在读大学，都出现了情绪不稳定的情况，以致在不同程度上影响了学业。

我尝试着邀请她走进暖光的课堂，她来了，后来竟一口气学完了四个阶段的课程。再后来，她的家人都相继走进了暖光的教室，两个女儿也前后学完了四个阶段的课程。

如今，她的大女儿做了人民教师，小女儿已经出色地完成了实习，开始准备毕业论文了。

（1）“诚实看过去，诚实看自己”

孙瑜：当时咱俩在上海一个外国专家的课堂里偶遇，巧合之下坐在一起。后来中午一起吃饭，我听到了你家里的故事，也体会到了你的焦虑。当时我想，最好的方式，就是邀请你参加我的课程，一起探索关于人的可能性。

彩霞：当时我确实很焦虑，因为两个孩子的发展道路都遇到了障碍，尤其是小女儿，情绪落到了低谷，退出了高考复习的课堂。作为父母，我们很着急，很怕孩子放弃高考，希望能寻找到合适的课程来开导孩子，也开导自己。非常幸运的是，我在上海的一个课程里遇到了您，当看到您发给我的课程视频时，我立马被吸引住了。因为这就是我要找的课堂，这就是我要解决的困惑！

后来，我果断地走进了暖光，连续学完了四个阶段的课程。在我学习第三个阶段的课程时，我的爱人也走进了课堂，学习了一二阶段的课程。接着，我的两个孩子也接连学完了四个阶段的过程。

孙瑜：在课程学习中，你和丈夫原来的某些信念受到了强烈的冲击吗？

彩霞：我俩带着困惑来到暖光后，通过课程首先了解到，遇到问题如果只是就事论事，很难看到问题的本质。问题出在孩子身上，根源却在我们做父母的身上，甚至是我们各自家族存在的一些没被我们看见的问题。

在课堂上，我冷静下来，一步步做到：诚实看过去，诚实看自己，清晰看未来。不抱怨，不责备，负起自己的责任。

事实确实如此：大女儿自出生后一个月便被我们送出去寄养，给她留下了亲子关系断裂的创伤。她回家后，对做父母的我们既有渴求又有抱怨。她不接受她的过去，不愿意看她儿时的照片。这让我们很痛苦，也很无奈。而经过暖光的系统整合学习，让我们彼此都看到了被扭曲了的爱的真相。

大女儿在个案处理完成后，跪在我面前，告诉我终于释然，终于可以从现在起接纳过去的一切，理解了我们当时的无奈，并深深表达了对我们的感恩。那一刻，我心中的石头放下了。我们紧紧相拥。

自那之后，她和我、和她爸爸之间都明显亲近了好多，提及有关她儿时被寄养的话题，她也能接受了。

小女儿在完全离开学校，抛开书本整整十个月后的某一天，忽然主动要求回学校复习并愿意参加高考。在那之前，我和她爸爸都在暖光学习，我们内心基本已经放弃了她考大学的希望，接受了她在药房打工的事实。我知道，正是因为我们的放手，她才对自己的前途有了真正的思考，对自己负起了责任。回到学校以后，她遇到了很多困难，在距离高考只有一个多月时，她去了暖光课堂。在那里她得到了极大的力量，收获了极大的肯定和鼓励。可以说，她每跨出一步，都有着暖光的推动。终于，她走进了考场，完整地参加了每一场考试，通过高考，她终于获得了她想要的分数。那一刻，她嚎啕大哭，我们全家喜极而泣。

（2）内观，在人际关系出问题时很有价值

孙瑜：作为一个中学教师，你在家人的影响下转变了教育理念，现在有什么经验可以总结并分享给大家的吗？

彩霞：人的“内观”价值很大，这是人际交往很关键的一个部分。学习了暖光的课程后，我再次遇到家庭矛盾时，虽然第一时间还会愤怒，但我会停止抱怨和责备，因为我知道这是“受害者心态”，除了激化矛盾，没任何好处。

我后来能做到的是，如果发现是自己的问题，我就会主动承认，并向对方表示希望能给自己一些时间去改善、解决问题。在工作中，我也用同样的方式去更好地理解同事，多看向自己，多负起自己该负的责任。现在，我和同事之间的关系也越来越融洽了。现在每想起同事们，我想到最多的是彼此的关心和帮助。

（3）年轻人比我们觉醒得更快

孙瑜：你的两个女儿都曾经在人际关系上出现过问题。如今怎么样？

彩霞：我多次发现，同样在暖光课堂学习，年轻人的领悟能力总是超过年长的。两个女儿的变化让我很惊讶。

首先，她们知道怎样跟父母相处了。有时，我还会发脾气，却是她们先让步，这让我很不好意思；有时，当我遇事很生气时，她们却能用一两句话就让我消了气。这些让我很开心，也很幸福——她们真的长大了。年龄超过45岁的我，常常觉得该向她们学习，学习重新做母亲。她们总是能把自己的父亲哄得很开心，让他心安理得地享受着家有二女的幸福。现在，我们一家在一起，多数时间都是其乐融融的。如果有意见分歧，大家也会很好地去沟通、解决。

另外，她们姐妹俩的关系也出现了质的飞跃。以前，她们总是用自己的短处和对方的长处比较，然后都向父母抱怨为何没给她们更多的优点。现在，她们都能相互欣赏对方、鼓励对方。遇到困难时，姐妹俩都会一起商量、解决。她们一起聊天、说笑，相互陪伴，让我们很欣慰。

另外，在其他的人际关系中，她们也进步很大。暖光课程结束后，大女儿和她宿舍的所有舍友都成了闺蜜，彼此都能够真正地去帮助对方。现在她已经毕业了，做了老师，还是非常留恋她上大学时的宿舍生活。现在，我几乎没有听到她在人际关系中遇到过什么麻烦。

小女儿当初在高中，就是因为和同学关系不好，感觉自己老是被同学欺负，没有心情再去上学。学习了暖光课程后，她参加高考，进入大学，积极参与学校的学生会工作，不断拓宽自己的视野。她很留意自己在和同学的相处中存在的一些问题，很用心地和同学们相处。她的反应能力和沟通能力很强，独立处理问题的能力也有了很大的提高。

（4）原生家庭关系是一切关系的根源

孙瑜：你还有什么体验想分享给更多的父母吗？

彩霞：学会用心理解孩子，学会接纳孩子的一切，学会爱孩子。当孩子在人际关系里出现问题时，回看她们在家庭中，作为父母，我们教授给了她们什么，她们受到了家庭的哪些影响。往往，外面的人际关系是面镜子，反射出最初的原生家庭的影响。我很幸运，在暖光做了系统整合个案，并经历了觉醒与蜕变的过程，看见了自己人际关系的隐性动力根源，同时知道了改变命运的通道。

如果天下更多的父母能意识到这一点，该有多好！

4. 重新启动的亲子之爱

被采访人：私企老板　英子（化名）

背景：曾经，她有一套房，却似乎没有家；她有一个小微企业，却似乎没有着落。50 岁那年，她走进了自我成长的课堂。在学习课程的过程中，她明白了自己有钱却不开心的根源；在系统里，她发现了自己逃离原生家庭、内心仍旧不成熟的真相。

于是，她把在海外漂荡的儿子接回，重新建设了一个温暖的家。最后，儿子用渐进的独立成长，回报给母亲一份埋藏很深的爱。

（1）数年的家庭冷漠，一朝被看见

孙瑜：你是带着“如何与孩子连接”的课题走进教室的。你平时与人交流时，看上去并不困难，为什么跟自己的儿子交流会成困难？

英子：儿子从小就特别听话，我把他送去幼儿园，他不想去也不会大哭大闹，只是默默地流泪，看着让人心疼。

儿子的小名叫欢欢，记得他两岁的时候，偶尔淘气，我在他屁股上打了两巴掌，逼他说不再犯错，他就是不说。我说：“你不说，我就不要你了！”他还是不说，反倒说了句：“妈妈，我不喜欢你。”

儿子从来不惹事，一直都是乖乖的。从小学到中学，他的学习成绩一直是班里前几名。小学二年级的时候，他爸爸去世了，我觉得他什么也不懂，好像也不悲伤。记得有一个冬天，我外出办完事回单位特别晚，赶到学校时已经到晚上八点了。寒冷的冬夜里，儿子在路边站着等我。那一刻，我就哭了，嘴上

却说："为什么不在传达室的爷爷那里等妈妈？"从那以后，我就跟儿子商量："能不能自己回家，过马路跟大人一起过？"我和他试一次就成功了。从此我就再也没有接过他放学了。他每天挂着钥匙，带着公交月票，开始了独立上下学的日子。一晃，儿子上了初中，我一下子不知道如何跟儿子沟通了，除了问吃、穿、用这些琐事，我不知道还能和他说些什么。

孩子父亲去世以后，我自己天天忙于生存，像个八爪鱼似的，到处抓取机会，忙得天昏地暗。孩子的学习，我也从来没有管过，需要家长签字的我也就是签个字完事。我高兴了就炖锅肉给孩子吃几天，没时间了就几天不做饭，给孩子钱让他自己出去吃。孩子好像就是我的私人物品一样，呼来喝去。我一旦心情不好，就对孩子一通指责，把他说得一无是处。

高考前，其实孩子已经被提前批次的"二外"小语种专业录取了，结果他不去，表示一定要报考外地的大学。结果他考取了在武汉的中国地质大学。记忆深刻的是，我送他去学校，在我离开学校的那一刻，他挥手对我说再见时的眼神里，居然流露出的是一种终于解脱束缚的释然。

通过朋友结识了暖光，我带着这个困惑走进了教室。暖光唤醒了我麻木冷漠的心，让我看到了自己过去那些"盲目的爱"。从那时开始，我才开始尝试与儿子重新建立心与心的连接，也开始尝试对儿子表达欣赏。

过去十几年，我表面上忙忙碌碌，好像过得很快乐，其实心里是很苦的。这一年多以来，我重新回归母亲的身份，用一份觉醒的爱开启与儿子的连接，才体会到母子间那份爱的喜悦，并享受其中。

（2）学做教练，再次看见自己

孙瑜：导师学院的在读学员里，你跟导师的课程次数是最多的。其实你有自己的企业，工作也很繁忙，你在多次跟课中收获到了什么？

英子：2016 年 1 月份，我带着令我痛苦的生命课题来到暖光课堂，我的心态是开放的，我有百分百的意愿，想找到与漂荡在海外的孩子缓和关系的方法。

那是一个体验生命能量的课堂，我记忆深刻的是对人生八个部分的对比整合，对我的触动极大。在系统中，我追着事业元素的代表，心中感知的却是儿子的离去，追不上、抓不住。助教提示我“你再看看你其他的部分”，我却听不到。我明白，孩子就是我的事业，事业代表了我的孩子！

我那时像个救火员似的经营着我的小企业，孩子却远远地离开了我，从心上远离了我。在一次又一次的跟课中，我越来越清晰地知道，我是一切的源头！

两个月的蜕变课程，让我有机会好好地审视自己，过去都种下了什么因，才会有那样的果。首先要面对自己，接纳自己，再勇敢地去践行，蜕变旧有的思维模式。

结束了被教练的阶段，我就报名做了实习教练。我想要好好看看，导师们那神奇的指导效果是怎样实现的。

我带的第一个学员，就是和儿子差不多大的80后女孩。在和那个女孩对话的过程里，我好像抓住了我的儿子，拼命地实现失去了好久的控制。学员在内观日志中写的观点，我接受不了，气得够呛，脑海里似乎浮现出我儿子在海外的相似表现。于是，我下意识地发出强烈的评判。那位年轻的学员不接受我的评判，让我的教练过程举步维艰。我只好退回到带组导师的身后，重新学习聆听基本功。

我参加的第二次教练实习，是带一个刚刚成年的“孩子”。这是一个在妈妈的打压、控制、吓唬下长大的孩子，他完全封闭了自己。这个孩子是面镜子，让我再次活生生地看到了自己与儿子的关系模式。我儿子也是长期被我打压的呀！得不到肯定和信任的孩子，怎么可能不逃离呢？

我渐渐回忆起自己对孩子的常用话语，比如“都是为了你，我才这么累”“你不好好做怎么对得起我”“我都是为你好”“你不能”“你不可以”等，这些话让那时的我立马浑身冒冷汗。孩子从小是个讨人喜欢、人见人爱的开朗的孩子，后来就变得不爱说话了，他那时的一切变化源于我的教育模式，而我的教育模式又来源于我的思维模式！

感恩暖光的导师教练们，给我数次做实习教练的机会，让我一次次以学员为镜，看到真实的自己，并且终于理解了儿子，重新找回了我们之间的爱。

（2）教练思维，让我的生意也变好了

孙瑜：看来，人的蜕变会带来全方位的改变。过去你的事业曾经数次遇到瓶颈，现在通过学习与体验，你在事业上发生了哪些变化？

英子：确实很神奇！我个人的蜕变，带来了全方位的改变。

过去，我在事业上一直就像个救火员似的，天天接警报，满北京城乱跑，不懂得如何做老板，管理员工没有界限，总用条件去讨好、控制员工，那不是真正的关心、爱护员工，而是担心他们离开。

做教练的经历，也教会了自己如何做老板。思维方式的蜕变，让我懂得了信任的价值。对做出成绩的员工，我开始学习嘉许他们，鼓励他们表达自己的渴望，聆听、接纳员工提出的建议，并帮助他们区分个人付出与企业共赢的关系。员工们接受起来很快，心情也舒畅起来。我学习做一个教练型的领导，从思想上支持和关爱员工，目前的事业做得越来越轻松、充实和喜悦。

我发现，当我明白了做企业的生命意图以后，我能够尊重员工的去留，因为这是每一个人的自由选择。我做企业的目的，是培养孩子们学习舞蹈的灵气，还能顺便为孩子们的父母服务，不仅要让每个在这里学习的孩子，都能够通过舞蹈拥有快乐的身心，让父母在孩子的舞蹈中看到他们的成长，还能让舞蹈老师除了教授舞蹈，更能传达一份富足的心灵之爱。

现在，我的事业蒸蒸日上。儿子夸我说："妈妈，你现在才真像一个老板了。"

（3）儿子回家，我心回家

孙瑜：真为你高兴！描述一下你现在的美好生活状态吧。

英子：我可以用三个词准确描述我现在的状态：温暖、温馨、愉悦。

实践完如何做一个教练型的领导，我已经开始学习如何做一个教练式的母亲。觉察的习惯让我放下强势给孩子尊重，随时对孩子诚恳表达我的感受和渴望。面对随时发生的事件，我从中立视角做到既有连接，又有立场。

现在，我每天安排好自己工作、学习、健身的节奏，一切都是为了我自己

的身心健康，让孩子看到了一个精力充沛、快乐喜悦的母亲。儿子已经是成人，是独立的生命个体，我做好自己就是给孩子最大的支持。现在，能感受到孩子很期待与我在一起。我平时工作和学习安排得比较满，一有空闲，我就和儿子相约去公园散步，或者看场电影。

我很惊讶儿子的变化，比如家里的下水管道坏了，他也能够修理。而这些，过去他从来都是不关注的，好像跟他没关系一样。他原来不爱说话，现在追着我跟我聊天，问问我的学习进展，说他单位里的故事。是啊，是他感觉到了家的温暖。

现在，越看儿子越觉得帅！他真是一个善良仁义的孩子啊！他没变，是我变了，于是我眼里的他也变了。只是，现在我眼里的他，才是我原本的儿子！

（4）断贪欲，轻松行

孙瑜：看到你在一个物品交换群里很活跃，你对“断舍离”有了什么新的理解？

英子：曾几何时，我内心匮乏，想通过对物质的无度追求来弥补。衣柜里的衣服多得装不下，各种生活物品堆积，把60平方米的家塞得满满的。

那种贪欲泛滥起来的感觉啊，收不住。看见什么好东西，都想据为己有。买买买的习惯，仅仅是为了满足一种欲望。即便把不喜欢的衣服送人，也有很大的傲慢在里面。

现在，我会带着欣赏的态度把物品送人。与其说“送”，不如说是“分享”。物品的流动，就是能量的流动。物品的淤堵，也意味着思维财运磁场的淤堵。塞满、堵满，意味着死亡。清理，不仅是给橱柜腾出空间，还可以清掉傲慢和贪欲；流动，是欣赏、是美的感觉、是喜悦。

如今，我全方位地感受到了什么是“清爽”——这是一种心灵成长后的富足、充实的喜悦，是一种来自内心的、与外界环境无关的“神清气爽”！

5. 孩子是母亲成长的最好资源

被采访人：全职宝妈　平平（化名）

背景：她的孩子从出生后，逐渐呈现出轻度埃斯博格综合征的特征。得知真相的第一时间，她和爱人都很崩溃。为了孩子，母亲平平踏上了暖光等各类心理学课程的学习之路。在暖光课堂，她静下心来复盘自己几十年的成长道路。在孩子病了后，她知道了那些自己一直未完结的事件，早就变成一种情绪积压在内心世界的原因。于是，她改变了认知，学会了接纳孩子的病，并在孩子身上发现了独特的美好。

（1）用心体验孩子

孙瑜：祝贺孩子顺利被华德福学校录取。7 岁孩子能背《大学》《中庸》，怎么做到的？

平平：现在，我周末会带孩子到大自然里玩，一开始在车里放唱诵的《唐诗三百首》的录音，慢慢地孩子就会背了，还和我探讨诗词的意思。他最喜欢诗仙李白。后来开始学习国学经典，背诵的过程很好玩也很简单，我背诵一句，孩子就在屋子里一边跑一边背，我就跟着他跑，一遍遍背。

孙瑜：5~12 岁是孩子的最佳记忆时期，这期间记住了，一辈子不会忘记。

平平：孩子虽然患有轻度的埃斯博格综合征，但智商没有问题，只是相处方式和一般人不同，反复多次教他怎么和自己、和别人相处就可以，也根本不用吃药。

他发脾气，打翻椅子，我过去轻轻问他："为什么打翻椅子？"他说："我不喜欢椅子。"我再和他沟通："不喜欢椅子可以绕过去，也可以允许它在这里，好吗？"孩子这时说了真心话："我不是不喜欢椅子，而是不喜欢小哥哥走。"原来是来访的客人把他喜欢的小哥哥带走了，他不高兴了。孩子随后还继续问我："我为什么经常生气？"

孙瑜：你是真正知道了孩子的内在情绪，并教他学会正确表达情绪。

平平：是的，我告诉他，生气的原因很多，有的不是你的问题，有的是你的问题。如果你心里有好坏、有喜欢和不喜欢，你就会生气；如果你看待一切都是平等的，就不一样了。我这样说后，孩子就越来越淡定，他也完全听得懂。而且，孩子愿意和我探讨不生气的办法。其实，他生气是因为着急，他碰到了自己不会的那个点。这也是我在暖光学习的收获。

孩子犯了错，我们大人都要学习和孩子一起面对。有时大人的急躁，不仅帮不到孩子，还会激化矛盾。

孙瑜：让孩子知道，进入人生，参与任何游戏，都是要付代价的。但如果进入游戏前懂得规则，并遵守规则，就有可能把代价降到最小。

平平：是的。有时候大人给孩子买很贵的玩具，孩子没有价格概念，他可能一下就弄坏了。可是，在我们看来只是几块钱的玩具，孩子可能玩得不亦乐乎。孩子只喜欢他喜欢的东西，大人给他的未必就是他喜欢的。

孙瑜：大人与孩子思维的不同就在于，大人的衡量标准是"价格"，而孩子的衡量标准是"价值"，是他自己心目中的价值。也许，大人换一个视角，会发现玩具是连接孩子的载体，它本身的价格并不一定等于价值。

一般父亲习惯用脑认识孩子，你作为妈妈，是在用心体验孩子。

（2）让孩子在大自然里自我疗愈

孙瑜：因为孩子的情况特殊，不太容易被学校录取。你们是怎么努力找到华德福学校的？

平平：我用了半年时间给孩子找学校。普通小学不收，于是我在我家附近找了六七所私立的国际学校，但都被拒绝了。有的学校招生，面试老师观察了孩子几分钟，就说让我带孩子去看心理医生。因为孩子平时喜欢管道、木工等东西，见到没见过的就会很好奇。在一所学校的招生办公室，当孩子摸那些他没见过的管子时，老师赶紧拦着不让动，然后告诉我，他们只招收"正常的孩子"。最后我找到华德福学校，老师和孩子单独沟通一小时后，就同意接收了。华德福的任意一所学校，一个班只收20个孩子，一个年级只有一个班。学校户外活动场地非常大，设施齐全，有水、有土、有沙坑，甚至可以让孩子爬树。学校支持家长、孩子的任何想法，并鼓励家长和孩子尽可能一起完成活动，他们的教育理念就是让孩子多接触大自然，在大自然中得到自我疗愈。

而且，这个学校要求家长必须进入家长学校学习，采取的是家校共建的模式。学校要求孩子在上三年级之前不能住校，要尽量与父母多在一起，要求家长在孩子在家时不能看电视，不能看手机、电脑等，因为杂乱的环境会影响孩子的专注度。

我经常带孩子到大自然中去骑车、爬山、玩土、看小虫，孩子自己就会去研究，根本想不到玩手机、电脑。

孩子能够顺利入学，他幼儿园的一对一的美国老师伊琳娜都说是个奇迹。孩子两岁半曾在普通幼儿园待过，结果因为没有控制力，玩具碰到别的小朋友，引得家长大闹。我那时正好在进行心灵成长系列的学习，当即决定辞职，照顾孩子。幸运的是遇到伊琳娜老师，她坚定认为孩子是没有问题的，重在引导。她真正懂得教育是什么。

孙瑜：这段曲折的学校录取故事，说明了孩子很幸运，有非常棒的觉醒了的父母。你们夫妇两个人都在暖光课堂进入了很高的学习阶段，特别是你还能很有耐心地带领孩子学习中国传统文化，太可贵了！

（3）母亲气场平稳，孩子身心愉悦

孙瑜：你自己在学习和成长的过程中，怎么去影响孩子呢？

平平：孩子对场域的感觉非常敏感，比成年人敏感百倍。我学习暖光成长课程，学习国学，深深感受到国学是心理学的根，是大智慧学问。通过学习，能够看到事物的本源。孩子每次发脾气，背后都有真相，我看见、理解了真相，内心就不焦虑了。我自己的心态平稳，家庭气场也就和以前不一样了，孩子自然感到舒服；他和我能够产生共鸣，大人愉悦，孩子自然也就愉悦。

随着孩子成长步伐的加快，孩子对社会越来越好奇，会产生很多问题和困惑，我愿意和他一起探索。他曾经问我孔子有多少学生？我告诉他，孔子有三千弟子，因为每个人都不一样，所以孔子对学生因材施教。孩子听了就说："孔子是了不起的好老师啊！"

我感恩有这样一个孩子。表面上，遇到他，我好像是遇到了不幸和痛苦，实际上我是多么幸运！这发生的一切，让我去探索、体验了生命更多的美好。

6. 家庭有序位，儿女获幸福

被采访人：私企老板 唯唯（化名）

背景：她本是一个80年出生的年轻貌美的女人。在她带着决意辍学的女儿来教室上课的时候，焦虑又彷徨的深度痛苦，使得她看上去俨然就是一位憔悴而沧桑的妇人。

课堂上，她的女儿逻辑清晰，语言干脆利索，直指家庭问题核心。而作为母亲的她，却常常张口结舌、词不达意。但谁也没想到，这位不善言辞的母亲会有那么大的力量。

课后，她对孩子表达了歉意。于是，女儿真的用辍学一个月并离家出走的方式对母亲进行“考验”。

她的厉害在于：她真的放手了，而且很平静。她说，她在课堂上懂得了尊重人。她女儿是人，她们都是自己生命的源头，她们都有各自的功课。一个月的时间里，女儿漂泊在外，她咬着牙忍受着担心与焦虑，继续在暖光上课以充实自己。

一个月后，女儿回家，重新选择了学校和复读的方式，最后以全年级第一名的考试成绩，把尊重还给了母亲。

如今，家庭磁场的彻底改变，让她露出了美丽的笑容。

（1）女儿辍学，为家庭关系亮起最后的红灯

孙瑜：我在课堂上见到你带着女儿走进教室，那时的你显得很憔悴。

唯唯：是的，那时我还没解决家庭出现的多重问题，紧接着学校老师就找我去学校，列举了女儿的诸多问题。听上去，问题的严重性超出了我的想象。

我感到意外，随后就是不可遏制的愤怒，我打了孩子一个巴掌，然后又自责自怨，抽了自己很多下嘴巴。

事后，我给一个心理学专业的中学同学打电话，倾诉我的烦恼。她当时给我的建议是孩子正处于青春期，父母要先冷静下来，再面对问题。

我怎么可能冷静？我打了女儿，事情已经难以挽回了！孩子当时被抽完嘴巴，立刻说要离家出走。那一刻我觉得这孩子完全不可救药了，她在自毁前程，她会在错误的道路上越走越远。

我拼命地向朋友们求助，询问解决办法。一位事业上的合作伙伴告诉我，她曾经在遭遇人生低谷、情绪低落时，找到暖光机构学习心理课程，得到了很大的心理支持。在她的指点下，我来到了暖光。

那段时间，我又在为失败的婚姻而深陷痛苦。我和丈夫青梅竹马，感情基础是极好的。但是他居然出轨了！在那之后，我完全否定了自己。无论是歇斯底里还是妥协讨好，办法用尽了，我都没有换回他的回心转意。我们分居长达 8 个月，彼此想离婚，双方父母都坚决阻止。婆婆来娘家接我，父母也劝我为了孩子要回去。我虽然回去了，但从此不断地麻痹自己，合理化现实，内心暗暗删除了他作为丈夫的位置，只保留他作为孩子的父亲的身份——我们的婚姻已经名存实亡。

我们的婚姻出问题时，女儿才 7 岁，她目睹了我们婚姻变故的全过程，心理受到了很大影响。她向我表达她痛恨父亲，同时她的内心也变得灰暗起来。

直到在暖光课堂上，我看到系统呈现的结果，才知道女儿是我们失败的婚姻中最大的受害者。

（2）母女一同走进课堂

孙瑜：在课堂里，我专门用你们母女之间的案例，做了一个情绪认知转化的练习。感觉在这个体验过程里，你的女儿有很高的悟性。

唯唯：是的，至今我都记得您当时在课堂里，看到我女儿有很强的悟性时，当场对她进行鼓励的情形。那个转化情绪案例的前后对比，让我很震撼。表面上是孩子身上出现的问题，实际上是我们夫妻长期以来的恶劣情绪转移到了孩子身上！

女儿本来很勉强地陪我走进教室，但在课堂里，她对心理学原理超强的理解力，让我看到了我过去在她身上从来没有看见过的部分。

同时，在系统的呈现结果里，我看见了在我内心的深度委屈情绪。课后，我向导师吐出了苦水："我还要怎样做，才能让他回心转意？"

几年前，丈夫经营的公司遭遇重大变故，他意志消沉。我决定要赌口气，自己撑起这个公司。没了他，我也照样能撑起这个家！我在最艰难的时候也非常孝敬两边的老人，照顾好自己的孩子，和婆婆一起生活十年从来没有吵过架。

课程对我的支持非常大，您当时对我说，孩子的现状，是我们失败婚姻的最大受害者。因为父母固执的信念，远比孩子的要强大。孩子上一次课，父母要上两次！否则，家庭里呈现的，都是盲目的爱，这只会让全家人在痛苦中越陷越深。

就因为您的那一句话，我决定继续学习课程。我需要理清我们的家庭走到今天这个地步的来龙去脉。于是，我报名了长达两个月的晋阶课程。

那两个月，在导师和教练的带领下，我逐渐看到了自己的心智模式。把过去所有抱怨他人和环境的焦点，收回到了自己的身上。

（3）勇敢接受女儿的测试

孙瑜：特别让我震惊的就是，在你学习期间，你女儿真的实施了她的出走计划，你却平静地接受了一切。

唯唯：是的。暖光的课程让我懂得了，人的情绪首先需要被看见，看清那些没有被满足的内在需求是什么，然后通过接纳才会转化成力量。

也许对孩子来说，出走是一种情绪的释放。孩子被允许、被接纳了，才会改变。虽然这种接纳需要极大的勇气。我下决心把这个接纳作为课程实践的第一步，在这个过程里我确实忍受了极大的煎熬。

孩子出走了一个月，期间只跟暖光的导师有过一些联系，跟我们几乎没有任何联系。我和丈夫提着心默默地关注着她的动向。

大概刚到一个月的时候，女儿突然发来了一条微信消息："我要回家。"我对丈夫说："机会来了，接她回家！"丈夫将信将疑，边收拾行李边说："她真的会回来吗？我不知道路在何方？"我坚定地对丈夫说："去吧，路就在脚下。"

女儿回家以后我才知道，当时她出走的时候，身上只带了很少的钱。在外面的这一个月，她靠打工赚钱养活自己。遇到危险的时候，她居然还懂得保护自己。在外面闯荡一个月，看到外面的世界并非如她所想象的那般美好，她思家心切。同时，她的外出选择居然得到家里的默许，这反而让她好奇，想回来看看，暖光课程会让妈妈改变多少。

回来后，女儿经常试探我的情绪，我的回应都很平静。然后她就说："妈妈，你真的进步啦！"她特别支持我上课，特别喜欢看见我为自己学习的事情忙碌。她现在也能理解我进入公司做那些事情是为了什么。而过去，她会认为那是为爸爸收拾残局，是不值得的。

在暖光学习以后，我警醒到，过去女儿过多地把精力投入到父母的关系上，用不当的行为表达对父母的爱。我们整个家庭，每个人的序位都是混乱的。只有我们夫妻二人回归到家庭的正确位置上，孩子才会转身，回到她做孩子的位置。

我开始学习尊重丈夫，虽然我为公司做不少事情，但只把我自己放在辅助的位置，把最重要的决策和位置都还给丈夫。

（4）女儿再次让我看到夫妻关系和谐的重要性

孙瑜：女儿回家以后，返回学校重新上学了吗？

唯唯：孩子回家以后，我运用在暖光学习的方法，跟孩子进行了几次深入的沟通。她很惊叹我的变化。虽然那段时间，孩子感受到，她爸爸对她的接纳程度还没能达到我的，但是她明显地感觉到我和爱人的关系好了很多。

最难忘的是那天，我爱人突然对女儿说："你不要再为保护你妈妈操心了，你的妈妈是我的女人，我的女人由我来保护。"

打那以后，女儿真的开始为她自己重返学校做准备了。对于她回哪所学校，怎样回学校，我和爱人都完全尊重了她的选择。她向我们表示，她要重读高一，她说只有这样，才能真正公平地体现她的实力。

重读高一后，她在第一次考试成绩公布的那天，打电话告诉我："妈妈，我考了第一名。不是全班第一，是全年级第一哦！"我当时简直不敢相信自己的耳朵。后来我了解到，女儿真的是全年级千余名学生里的第一名，而且分数高过第二名20多分。由于成绩排名靠前的学生家长要去学校做分享，所以女儿按照学校的要求通知我做准备。我当时拿着电话热泪盈眶！

我要分享我的家庭故事。孩子的智商本来就很高，但我们夫妻二人没能给孩子一个和谐的家庭环境，没能给孩子专注学习的机会。现在，我们觉醒了，关系走向和谐了，女儿终于回到孩子的序位上了。她的能力、她的专注，都是她原来就有的！

我要分享我在暖光的学习过程。暖光的五伦关系课，对我的触动特别大。我当时对丈夫真是满腔仇恨，但通过课堂里的个案分析却呈现出我们的关系还有很深的连接！在导师的引导下，我才发现，我是在用恨来盲目地表达爱，恨就是爱的另外一种表达。

暖光课程，让我们换个角度，尝试把所有的伤害都看作是礼物。我做了作业，反观自己，看到我过去从不愿意承认的部分：婚后，我理所当然地把精力全部投入家庭，做了全职太太，对爱人的关注和体贴越来越少，只是合理化地认为，婚后老夫老妻不需要表达爱和情感，所以导致爱人把那些没被满足的渴望投向了外面。我自认为给他无条件的爱，背后其实隐藏着大量的索取。

好在经历了这么多，我们依然连接很深。一朝觉醒，就会由盲目的爱回归到觉醒的爱之中。

（5）家庭成员各归其位

孙瑜：说说你们家现在的家庭氛围吧。

唯唯：我认为，今年是我和我丈夫的关系有了突破性进展的一年。我们再也不在家里争吵了，我们懂得了什么叫尊重。

过去，我儿子特别依赖我，10岁了还是不愿意和我分开睡。我当时找不到原因，为这事特别烦恼。一个月前，他突然宣布说，他要自己睡了！我当时就明白了，父母的关系好了，家庭的场域好了，孩子已经感受到安全了，就可以独立做回自己了。

您说过，男孩子如果看到母亲受苦，会自动离开孩子的位置，陪伴在母亲身边，做母亲的心灵伴侣。长此以往，孩子的人际关系会发生扭曲，也会对孩子成人后的两性关系造成重大影响。

最近，女儿也提出她想住校的想法。这是她对我们完全放心，想全身心投入学习的一种表现，也是我们和女儿再次选择信任彼此的机会。

儿子的幸福感很强。我在家放听书 APP 的音频，儿子听到说："妈，明天还放这个，我想听。"我不爱看朋友圈，最近有空就看书。女儿说："妈，你是我见到的唯一一个不八卦的女人。"

对于丈夫经营的公司，在低谷时，我曾经赌气进入，想为自己打拼一场，不再为别人而活。公司也确实因为我的精心打理而有了很大的起色。最近，我和丈夫说："你是一家之主，也是公司的老板，现在公司也步入正轨，我觉得你是时候走出来了，承担起你的责任吧。"

他似乎等我这句话很久了。现在，他回到了公司，兢兢业业地工作，有了事情还会向我咨询，寻求我的建议。我主动退回到辅助的位置，一边尽可能地支持他，一边安顿好后方的家庭。

系统原理告诉我们，男人如果能回归到主位，并且有能力对家庭负起责任，保护女人和孩子，就能得到女人和孩子的尊重。

现在，我时时回想他的优点：他智商很高，而且有点幽默和俏皮。对于他的挑剔，如果换一个角度看，也可以说他是有眼光的人！

现在看来，一个家庭，女主人真的很重要。如果女人懂得在任何情况下夫妻关系都是第一位的，就会在两性关系上形成良好的连接，给家族后代造福。

（6）一个清晰的梦想

孙瑜：你下一步的计划，是继续帮助丈夫经营公司吗？

唯唯：在暖光课程第四个阶段的首周，我很幸运地明确了自己的生命意图是"真爱"，标志图片是一片青草。

您说青草代表孩子，而且是普通大众的孩子，这就对了！我心里一直有个想法，趁现在还年轻，创立一家亲子教育公司，为大众的亲子关系服务。我要整合我所知道的最好的资源，让像我女儿这样的孩子、我这样的妈妈不要再走我们这样的弯路。不必通过现实的挫折与痛苦，而是以另一种方式——通过课程传播智慧，让众多的父母从年轻时就懂得什么是觉醒的亲子关系。

我认为我想做这个机构，不是为了挣钱，就觉得此生不做这件事，我心里会堵得慌。看来，生活真的给了我一份巨大的礼物：痛苦的背后埋藏着如此大的生命意图等待着我去实现。

感恩吧！唯有感恩，才能对得起我们全家走过的路；唯有感恩，才能对得起暖光导师、教练们深深的爱；唯有感恩，才会吸引更多的爱来到我们身边。

| 第二章 |

原生家庭对亲密关系的影响

在我的工作坊里，有很多案主都说，原生家庭对自己的伤害一直挥之不去，以至于影响到自己的两性关系。那么原生家庭对自己建立亲密关系究竟会有多大的影响呢？

首先指出，很多人以为“两性关系”就是“亲密关系”，实际上二者是不一样的。“亲密关系”是统指一个人与父母的亲情关系，以及与恋人的爱情关系，既有亲情也有爱情。而“两性关系”，是单指一个人与异性建立的亲密关系。

为什么亲密关系里还会涉及父母呢？许多研究发现，我们几乎都不可避免地在亲密关系中，重复着和父母相处的模式。一个人在原生家庭中，最先建立的性别认知就是来自父母。因此，一个孩子与父母的关系模式，以及他所观察到的父母之间的关系模式，很有可能影响到他今后的亲密关系。

第一节　依恋模式在亲密关系中的呈现

在家庭对个体亲密关系的影响研究中，最为接受与流行的便是依恋理论。依恋，是指婴儿一岁前在互动情境中产生的，与一个或几个抚养者（主要是母亲）之间存在的一种特殊的情感连接。研究认为，婴儿的依恋可以分为三种类型：

（1）**安全型依恋。**当婴儿需要照顾时，养育者总是及时回应，婴儿就会感受到安全、爱和自信，表现得更爱笑、不拘谨，容易与人交往。面对新环境勇于探索，并会寻求养育者的支持。

（2）**矛盾型依恋。**当婴儿需要照顾时，养育者常常不确定地回应，会让婴儿努力找寻养育者，让婴儿更容易产生紧张和过度依赖的心理和行为。面对新环境时，婴儿会大哭大闹，不敢面对。

（3）**回避型依恋。**当婴儿需要照顾时，养育者常常不予理睬，态度冷漠。这样会导致婴儿陷入抑郁的状态，在行为上表现为怀疑、无法信任他人。长久下去，婴儿会陷入麻木的状态，即便内心害怕，也不会向养育者求助或寻找安慰。

后来研究发现，成年人在亲密关系中也有类似表现，而且与幼儿时期的依恋模式基本一致。成年人有四种依恋类型，这四种依恋类型是根据“回避程度”和“焦虑程度”两个维度的变化区分出来的。高回避者（与人被动交往）与人亲密互动时容易感到不安，低回避者（与人主动交往）与人亲密互动时感觉轻松；高焦虑者害怕人不关注自己，或担心因为自己不够好而离开自己，低焦虑者则不担心这些。从两个维度的高低变化组合出来的四种依恋模式是：安全型（低回避、低焦虑）、痴迷型（低回避、高焦虑）、疏离型（高回避、低焦虑）、恐惧型（高回避、高焦虑）。

（1）**安全型。**这类成人可以很安心地与人进行亲密互动，并建立相互依赖又相互独立的关系，不担心被抛弃。对自己和他人的评价都是积极的，认为自己和他人都值得被爱和被信任。

（2）**痴迷型。**这类成人渴望与人进行亲密互动，又怀疑对方并不想和自己进行亲密互动，很担心失去对方，对对方有强烈的情感依赖，会做许多努力以获得对方的关注和爱。他们对自己的评价消极，总想努力得到他人的认同。

（3）**疏离型。**这类成人回避与他人的亲密接触，难以信任和依赖对方。往往在关系还没有进展时就开始退缩，别人亲近他们的企图会让他们紧张。他们对自己的评价是积极的，自认为有价值，觉得自己可以不需要依赖他人，因此不太在乎他人是否喜欢自己。

（4）**恐惧型。**这类成人内心期待与他人建立亲密关系，但因害怕受伤，常表现出犹豫和抗拒的态度。这种对依赖的抵触是一种自我保护机制。他们对自己的评价较为消极，怕被拒绝，同时担心自己离不开对方，因而避免和他人建立亲密关系。

当然，不是每个人都完全属于其中的一种类型，可能是多种依恋类型的混合体。比如电视剧《都挺好》里的苏明玉，《安家》里的房似锦，一开始她们对恋爱的态度都是拒绝的。尽管内心对追求者不乏好感，但她们的共同特点都是不敢轻易接受这种亲密关系。在这里，可以看出苏明玉和房似锦的依恋类型都是疏离型或者恐惧型。她们的这种依恋类型的形成，离不开她们童年时的成长环境——苛刻的、无度索取的母亲，懦弱的父亲……这一切都让她们难以感受到爱。因此她们在长大后也难以鼓起勇气接受自己的爱。

同时，心理学研究也告诉我们，个体的依恋类型确实受到幼儿时期和父母的关系的影响，并且这种影响直到青少年时期还较为强烈。但是，随着内心的成熟与成长，个体对于父母留下的依恋关系的印象会越来越轻，个体完全有可能逐渐认识到自己的命运可以由自己创造。个体在活出觉醒的状态后，就能够慢慢地建立起自己健康的亲密关系模式。正如剧末的苏明玉和房似锦，都在经历了一系列成长后，最终让男朋友走入了自己的内心世界。

第二节 两性关系为什么很难持久？

非常多的恋人一开始很顺利地走到了一起，恋爱时激情四射，一旦走入婚姻，走进柴米油盐的生活，男女双方源自家族或个人经历的创伤就会慢慢地暴露出来。有些人的两性关系难以持久，很大程度上在于对对方不正常的爱。这种爱的特征大致归为以下几种：

（1）对爱的极端渴求

其主要特征是痴迷型不自信，同时过于敏感、缺乏安全感。因为小时候没有得到过父母足够的关爱，没有看到过父母的相爱状态、和谐关系，又不断被父母否定，所以这部分人的心里会有个大的缺口，需要用大量的爱来填满。对爱的追逐，成了缺爱的孩子的人生终极目标。他们往往在生活中非常不自信，表现为“讨好型人格”。

讨好型人格在两性关系里常常表现为不愿拒绝别人，对别人委曲求全、降低自我，其背后不过是为了“让别人都来爱我”。过去没能得到爱的满足，所以即使不快乐也要假装很幸福。有很多孩子由于在父母那里得不到安全感，所以急于从无爱的家庭中走出来，希望男人 / 女人解救自己于水火之中。这样的男孩 / 女孩非常自卑，容易否定自我，进而形成自贱或自弃的性格，甚至会形成“吸渣体质”（“渣”指渣男、渣女）。

典型的案例就是日本电影《被嫌弃的松子的一生》中的女主角松子。松子小时候用扮鬼脸的方式来博得父亲的喜爱，长大后用不断讨好、委曲求全的方式换来短暂而无望的爱情。松子一生不断被爱、被抛弃，再被爱、再被抛弃，明明想要与命运抗争，却一次又一次被命运牵制；明明长得漂亮，能力也很强，却硬生生将自己的一副好牌打烂了。

对爱的过度索求在两性关系中表现为，除了对自我的贬低和厌弃，还将配偶当成救世主，因为没有安全感，所以总是无条件要求对方爱自己、满足自己；

同时，又过度敏感，高度怀疑配偶，但凡不如意就难以自控，甚至会抑郁、自残或者伤害别人。当爱情失败时，会发生“恋爱移情作用”，就是把过去生命中对父母和恋人、配偶等的情感，转移到目前所遇到的权威、领导或者合作者身上，从中获得当年未能如愿的情感需求，力求从目前的关系中得到满足。也就是说，希求靠理想投射的对象来治愈自己，以获得想要的庇护和安全感。

有一位个案当事人，曾结婚两次、离婚两次，依然还在寻觅另一半。在个案中，我让她先把过去的两次婚姻呈现出来，再把自己的原生家庭呈现出来，之后清晰地看到：在她自身的心灵空间里，几乎没有自己。对爱人的寻找，只是为了填充不安全的黑洞。如果再次盲目恋爱，还是会重蹈覆辙，不会幸福。但案主还是在强调，她是不能接受一个人生活的。她每次离婚后，都会回到父母身边，于是不断受到父母的埋怨和指责，她觉得太痛苦了，想要逃离。并且说，前两次的婚姻，她都是想要逃出原生家庭，远离不和谐的父母关系和父母对她的不接纳。

急于从原生家庭逃走，对家庭圆满、理想化家庭的渴求，让她将生命里的男人当作这漂泊人生中的一块浮木。结果她就像个病入膏肓的病人，不断要求配偶像医生一样治疗自己、安抚自己，一旦得不到她想要的反馈，她就会万分痛苦。当然，每个男人都可能因为忍受不了这种日复一日的索求，而选择放弃、离开她。

在两性关系里，任何一方，一旦把爱人投射成父亲 / 母亲，或者把对方当成医生或救世主，就会本能地希望对方无条件地接受自己、解救自己，却忽略了他 / 她没有义务替你背原生家庭的锅。这样的爱情是不平衡的，自然无法长久。

（2）对爱的冷漠

其主要特征是疏离型多疑和敏感，缺乏安全感。与第一种情况截然相反，在一个从小缺爱的家庭氛围下，孩子会表现出对爱的排斥与反抗。因为他们没有体会过爱是什么感觉，没有看到过爱是什么样子，所以他们理解不了爱，表现不出爱，同样也承受不了别人的爱。对爱的多疑、敏感、极端冷漠，往往在生活中会表现出“暴力型人格”。

在湖南，有一个小学六年级的男孩，因为在家中偷偷抽烟被母亲发现，母亲就用皮带狠狠抽了他一顿。由于不满母亲的管教，这个男孩竟拿起菜刀砍了母亲，导致母亲当场死亡。更令人难以想象的是，弑母之后，他悄悄收拾好现场，将衣服换洗干净，带着弟弟在家中睡觉，还假借母亲口吻向老师发信息请假。当警察带这个男孩到现场了解案情时，这个孩子竟然在笑。破案之后警察问他为什么这样做，他只是漠然地说："我就是恨她！"

为什么对亲生母亲会说出"恨"字？因为他没有感受过爱，他只理解"恨"的感觉。这个孩子是个留守儿童，父母在他很小的时候就外出打工，将他扔给爷爷奶奶。有一次他出车祸伤到头部，伤得非常严重，他的爸妈也没有回去看看他。说到底，一个不爱孩子的父母，根本教不会一个懂爱的孩子；一个淡漠疏离的家庭，根本无法产生和谐亲密的亲子关系。

正如意大利幼儿教育家、医学女博士蒙台梭利所言："每一种性格缺陷都是由童年的不幸造成的。"具有暴力倾向的孩子，在他们的原生家庭里都会有性格暴戾、极端、专制、刻薄的父亲或母亲。

爱是一种能力，并非所有人都具备，即便不存在暴力倾向，缺爱也容易让人叛逆、自我、被激怒和情绪不稳定。因为，一个人在成长过程中缺少关爱，会让他潜意识地认为这个世界不友好，充满负面情绪；别人的善意会被他误解成恶意，别人的爱意也会被他扭曲成别有用心。

（3）不会表达爱

其主要特征是恐惧型依恋，严重缺乏安全感。这种人的父母（尤其母亲）通常在孩子成长过程中，不能够给予孩子持续的、稳定的、前后一致的、合理的爱，使得孩子长期渴望稳定、安全的心理需求，同时又得不到满足。

没有安全感的人，会在人际关系里表现出患得患失的状态，在两性关系里尤其明显。他们既渴望被爱又害怕去爱，尤其对于爱情，既想要又拒绝。他们会对亲密关系有焦虑情绪，就像无形中有只大手，会不自觉推开真正关心自己的人。说到底，是怕失去，从而恐惧、担心。这类人孤僻、不易接近，是极度需要爱的关怀的，可是害怕被抛弃的念头时时占据头脑，那种拥有后再失去的痛苦画面常常能想象、感受到，所以不得不用伪装掩盖内心的真实想法。

他们会有这样的内心世界：当有人向他（她）示爱时，他（她）的第一反应不是欣然接受，而是怀疑猜测求爱者背后的动机，同时否定自己的优点，认为对方的求爱一定另有所图。也许，他们的内心明明非常喜欢一个人，恨不得每天都和对方在一起，但表面上，他们却说着相反的话，做着让人不解的行为，最终将那个爱自己的人推远。

真的想要好好爱对方，用尽生命去善待对方，可表现出的总是无理取闹，将最糟糕的自己留给了爱的人。这种看起来很“作”的表现，实际上是对自己的不自信、渴望亲密关系但又没有安全感的表现。

再次证明，一个缺爱的家庭培养出来的孩子，在对“爱”的理解和感受上，一定会远远逊色于沐浴在爱的阳光下长大的孩子。最好的家庭是：爸爸爱妈妈，妈妈爱爸爸，然后父母都爱孩子。

想要摆脱这些关于爱的困境，先要与自己达成和解，最后是“相信爱”。

第三节　家庭序位的混乱对两性关系的伤害

调查发现，人的许多痛苦都源于缺乏界限感。权力边界、规则边界、关系边界，都是如此。

许多年轻人结婚之后，还一直把原生家庭的事务放在首位，造成自己的小家庭矛盾重重。婚后，小夫妻对原生家庭的无条件满足，把自己家和父母家混为一谈，就是缺乏界限感的表现。女婿孝敬岳父、岳母或儿媳孝敬公公、婆婆，当然非常提倡，但完全把丈夫或者妻子当作原生家庭的一台“提款机”，自然会引发夫妻之间的不满，从而产生矛盾。

德国心理治疗师伯特·海灵格说：“家庭悲剧最大的来源，就是家庭成员关系的错位。”

一方面，年轻人组建自己的家庭之后，还始终把自己的原生家庭放在自己的小家庭之上，有什么事情都要去向自己的父母汇报，有什么决定不跟自己的爱人商量。这种对另一半的感受忽视的习惯，必然导致夫妻之间生出嫌隙，家庭悲剧就不可避免了。另一方面，父母如果越界干涉孩子的生活，或者轻易介入孩子之间的家庭矛盾，就等于把原生家庭的“系统良知”置于孩子的小家庭之上，必然会导致孩子的小家庭矛盾激化。

爱的前提是独立这个道理，在爱情里适用，在个人与原生家庭的关系上也适用。婚后小家庭独立，保持与原生家庭的必要距离，家人之间互相牵扯的琐事少了，矛盾也就少了，关系自然也就改善了。

一对小夫妻要有独立意识，需要以双方内在的成熟为前提。保持独立，行为不再完全以父母的想法和情绪为转移，才能过好自己的生活，照顾好身边人的情绪，经营好自己的婚姻。

在和谐的夫妻关系里，双方都非常愿意对彼此的父母好。因为爱，所以愿意为你的父母付出。结了婚，子女也要保持对父母尽孝，要以父母的血缘子女尽孝为主，另一位为辅助。如果颠倒过来，时间久了，就会使爱的天平倾斜、失衡，因为给予与接收不对等。

必须承认的事实是，结婚后，虽然你父母还是你父母，你还是爱他们，但那个家却不再是你严格意义上的家了。你已经成为了新家的主人，有义务也有责任让新家越来越好。结婚后谨记，过去的“你家”不再是你家，你现在的家不是父母的家。

一个连自己的家庭都顾不上，却把所有的心力付给原生家庭的人，自私且愚蠢，其婚姻生活必然是不幸的。结婚之后，首要的任务就是经营好与另一半的关系。这需要夫妻两人都主动与原生家庭划清必要的界限，保持独立，把另一半放在第一位，有事情要同另一半共同讨论；为保护小家庭的独立与自由，可以制定一些共同认可的准则，彼此严格遵守。保持与原生家庭的合理距离，才能守护好自己的家，经营好自己的爱情与婚姻。

一档电视情感节目，讲述了这样一个故事：一个并不富裕的家庭，丈夫却私自把父母分给他的很大一笔钱赠给弟弟买房，妻子事先完全不知道。事情曝光后，妻子坚决地提出离婚，丈夫十分不解，认为：“这点事至于造成离婚吗？”

事实上，这位丈夫已经不是第一次自作主张了。婚后，他依然把自己的父母、弟弟放在第一位，永远委屈自己的妻子和儿子。婆婆脾气不好，妻子老挨骂，到后来婆媳走路碰见都不说话，但丈夫却总说忍一忍。妻子忍不下去，搬出去租房子，结果丈夫再次私自做主，让自己的弟弟过去住，他觉得亲哥俩不见外。弟弟又懒又邋遢，从来不会收拾自己的脏衣服、脏袜子，到了饭点不起床，过了时间还得让人把饭菜热一热。

她家里经济条件并不好。丈夫当保安，一个月只有两三千的收入，妻子偶尔打打零工。丈夫的弟弟新交了个女朋友，丈夫没经过妻子的同意，就把儿子上学要用的五百元钱作为见面礼给了弟弟的女朋友。丈夫认为儿子上不上幼儿园都可以。

妻子挺悲哀的，经济上没有依靠，精神上不能依赖，结婚八年，除了多了一个孩子，其他的什么也没有。丈夫也挺悲哀的，年近四十，突然有一天，妻子说：“我宁愿带着孩子一个人过，也不愿意像现在这样过下去了。”

在这个故事中，这位丈夫应该对自己原生家庭的长辈尽孝、兄弟尽谊，但并不应该搜刮妻子和孩子的利益，去满足自己的父母兄弟。婚后把原生家庭放在首位，是婚姻的定时炸弹。

一个家庭最核心的关系是夫妻关系，夫妻关系恒常和稳定，才是一个家庭得以维持幸福的根本。在原生家庭如此，在新家庭中也是如此。

再举一个榜样案例。在保持和娘家的界限这件事上，有一个女性是这样处理的：她和丈夫早早就约定，双方都不能为原生家庭的任何事情而破坏自己小家庭的关系。两人给父母买礼物都是买双份的，婆家、娘家各一份。平时家里人过去短住，他们欢迎，但时间不能超过一个星期，如果时间再长，就安排他们住酒店或者租房。

生了小孩之后，夫家、娘家的妈妈都想去照顾她和孩子。他们夫妻俩首先和两个妈妈都说好，不要对他们小辈的教育方式指手画脚。他们在小区里租了房子，让两个妈妈错开时间去，婆婆住一个月，娘家妈住一个月，两边时间对等，不多不少，到时轮换。其实，这就是懂得界限的大智慧。

在原生家庭，母亲是女主人；在新家庭中，妻子才是女主人。夫妻双方应把对方放在首要的位置，和原生家庭界限分明。夫妻和谐，家庭才会幸福！

第四节　相关案例

1. 失败的婚姻，带给我人生大礼

被采访人：私企老板　黎黎（化名）

背景：她曾经是一个埋头于家庭的贤妻良母，突然遭遇婚姻破裂。她泪流满面，痛恨丈夫，更后悔自己不该太“贤惠”。如今，成为暖光导师学院亲子导师的她，再次成为人妻，懂得了抬头看路，低头觉察……她说，贤惠没错，但不懂得爱自己的贤惠，是活在盲区里的女人。生活教会了她，什么才是对家人用心的“经营”。

（1）婚姻的失败给了我迎头痛击

孙瑜：你的第一段婚姻究竟出了什么问题？

黎黎：婚姻出问题之前，我没有一点儿思想准备。18 年的婚姻生活，感觉自己为这个家付出很多。我孝顺公婆，和婆家所有的亲戚都处得很好。家里所有吃的、穿的、用的都是我操心，把家也收拾得干干净净的。为了让家里经济条件好一点，我从银行辞职，开办了服装工厂，每天埋头苦干，忙里忙外，一年到头几乎没有休息。随着工厂经营得越来越好，家里日子也越过越好。但在事业巅峰的时候却遭遇了婚姻变故，当时我不知道自己做错了什么，今后又该怎么办。我陷入了迷茫，找不到方向。

孙瑜：婚姻出了问题，对孩子的影响是怎样的？

黎黎：在我第一段婚姻失败时，儿子正在读高二。当时他也无心学习，经常上网打游戏、逃课、抽烟，成绩一落千丈。

孙瑜：是的，所谓“祸不单行”，指的就是一个人遇到第一次灾难时，情绪会指向外界和他人，于是会引发第二个灾难的“恶性循环”，是一种彻底陷入黑洞的状态。

（2）心理学让我在亲子关系中觉醒

黎黎：在妹妹的介绍下，我走进了暖光的课堂。高三时我陪了孩子一年，期间也让孩子学习了暖光三个阶段的“醒觉人生”课程，我俩都有很大进步。后来他考上了国外的一所大学，到国外两个多月时，闯了祸，失手把他一个好朋友的眼睛伤到了。我按国内最高标准先把钱给了对方，但对方家长觉得不满意，要求按国外标准赔偿。他们说：“你如果赔不起钱，凭什么还让你儿子留学？”

孙瑜：其实这个时候挺关键的。从系统上来讲，如果对这个事件进行整合，还能在场域里看见这个事件背后的隐性动力。但一般来说，父母是看不见这个动力的，很容易因为对孩子的前途失望，去埋怨孩子。

黎黎：好在我进了暖光，一口气从第一阶段读到第四阶段，之后又报读了暖光导师学院，专攻亲子教育方向。我已经懂得，任何时候，父母都要站在孩子身后，鼓励他向前。孩子辍学回国了，情绪很不好。我跟他约定，从头再来，干脆重新补习高中课程，重新冲刺高考。这对儿子和我来说，都是一个巨大的考验，因为儿子高中阶段上的是国际班，普通班的文化课知识几乎是空白的，要用不到一年的时间补习高中阶段所有课程，压力可想而知。况且，他从来没有吃过学习的苦，这样的压力逼得儿子经常想逃、想放弃。

我说：“妈妈陪你一起努力，不管高考结果如何，我们一起坚持到底。因为我知道，这对我俩来说都是一次磨炼的机会。”结果，儿子的高考成绩只能够选报大专，但我觉得已经很好了。儿子说：“妈妈，我先上个大专，以后再努力考专升本。”我说：“儿子，妈妈相信你，相信通过这一年的成长，你已经长大了，明白自己想要什么；相信你今后会管理好自己，脚踏实地去实现自己的目标。”

孙瑜：这个陪伴孩子高考的阶段，也是你们母子俩一同经历蜕变的阶段，不管孩子是考上大专还是本科，都是一段母子同行的珍贵经历。为你俩点赞！

黎黎：是啊！在暖光近三年的学习经历和体验，我对自己的思维方式和行为模式有很多发现。我终于看到以前的我太强势、太挑剔、太完美主义、控制欲强的那些部分。转换角度想想，可能正是我的这些模式，让前夫在家里得不到尊重，没有享受到男人应有的尊严和自由，所以才会向外求。明白了这些，我不再委屈、不再抱怨，从心里原谅了前夫，并且对他为我和儿子曾经的付出表达了感谢。我变得越来越宽容，开始接纳自己，允许自己不完美，允许自己犯错。同时，我还开始练习接纳父母，和父母的关系越来越好。

进入暖光导师学院后，通过不断地讲课，不断地实践，我对自己要什么更加清晰。遇到烦恼时，情绪上来时，我就会问自己：你想要什么结果？怎样做能得到？一思考这两个问题，我的情绪马上平和下来，思维转到解决问题上去，人变得平静而有力量。

（3）认知的改变助我建立了新的家庭

孙瑜：是不是因为你这个人变了，所以吸引别人走近了你？

黎黎：是啊，人一旦变了，就有很多美好的事物开始走近我。我在暖光导师学院学习期间，我现在的丈夫走进了我的生活。我把他也介绍到了课堂，最终我俩同频共振。我们俩开始携手共同创造一段不一样的人生。我们相互尊重、相互欣赏。我们每天再忙，也会留 1~2 个小时说说话，彼此沟通、交流。我们都用心感受对方，用心去发现对方的需求，尽量给对方想要的，让对方感受到被重视、被爱。婚姻和家庭都是要用心经营的，接受和付出也要平衡。不是结了婚，对方就要无条件满足自己，做什么都理所当然。当我们彼此带着感恩的心态生活，我们发现生活中处处都充满喜悦和幸福。

孙瑜：但你俩毕竟都是重新组建家庭，又都带着孩子，磨合难度可想而知……

黎黎：我们都是再婚，又各自带了一个儿子，磨合难度确实不小。暖光的课程，让我们懂得了对家族系统的敬畏。

其实他和我一样，以前也是很强势、控制欲很强的人。通过在暖光的学习，他也认识到自己的很多不足。他也是在学习和体验中，看到在上一段的失败婚姻里自己那部分不可推卸的责任。于是我们约定好，首先不在孩子面前说前夫（妻）的不好，要帮助孩子和前夫（妻）做好连接。如果孩子有什么做得不好，由亲生的一方父（母）亲去教导，而给孩子东西由新父（母）亲去给，让孩子感受到新家庭的爱。

在我们的新家庭里，每个人都在自己的位置上，相互尊重、相亲相爱。两个孩子仿佛亲兄弟一样。有什么重要的或者令人困扰的事情，我们通过家庭会议讨论决定，家里充满和平、尊重的氛围。

孙瑜：看来，你们两人虽然是第二段婚姻，面对的情况很复杂，但关键是家庭里出现了懂得觉察的人！你俩都学会了敬畏家庭序位，尊重前度伴侣，还教育孩子尊重自己暂时离开的那个父母。这是做了很了不起的能量平衡工作啊！

黎黎：是啊，觉察很重要。在我们的家庭生活中，如果遇到冲突，首先暂停，各自先反思自己，觉察自己的情绪为什么会被触动，怎么转变想法。如果自己转变不了，等情绪平复后再和对方讨论，表达自己的感受和想法。不管遇到什么问题，我们都不逃避或放弃，而是想着怎么解决问题，才能让我们的关系变得更好。

对待孩子也是如此。当孩子不听话或者犯错时，我们不应该去指责或者惩罚他们，而是要想办法让他们看到自己的问题，启发他们找到解决问题的办法。如果我们暂时不能给予孩子支持，那就暂停，最起码不去打击孩子，等到自己能给予时再去和孩子沟通。

孙瑜：俗话说，后妈难当，后爸也一样。你们为什么会有这么大的决心为新的家庭付出？

黎黎：不要说后妈、后爸难当，现在这个时代，亲妈、亲爸好当吗？我想问题不在于是“亲”是“后”上面，而在于我们是否尊重孩子、接纳孩子、理解孩子，是否能做有觉醒之爱的父母。

我们家两个儿子都很善良，都很有个性。我在和两个儿子说话前，都会先想一想，怎么说他们会接受。遇到需要安排他们做的事，我都会征求他们的意见；遇到他们不愿意做的事，我会了解原因，是不会做、没有时间做，还是不想做。不会做的事，我就手把手教会；没有时间做的事，我就和他们约好有空的时间；不想做的事，我就先了解他们的想法，鼓励他们，陪着他们一起做。现在我们和两个孩子相处得非常好，没有什么“亲”“后”之分。我们一起做家务、一起购物、一起打球、一起看电影，其乐融融。两个孩子以前内向封闭，现在都变得乐观开朗了，家里充满欢声笑语。

我想我们之所以能营造出这样和谐的家庭氛围，得益于我们在暖光的持续回炉学习和成长。暖光让我懂得，往往失败和挫折，是宇宙送给我们的大礼。但能不能识别并珍惜这个大礼，还在于肯不肯下决心改变自己的内心世界，懂得感恩任何经历。

为了更多的家庭能像我们一样收获幸福，我一定要成为一个合格的导师！我现在已经成立了自己的工作室，一边实践，一边传播我学到的知识，既成就自己，又能够帮助到更多的家庭和孩子。

2. 人过三十再出发

被采访人：保险公司　齐齐（化名）

背景：她是个急性子的80后女孩，走路快、说话快、反应快、做事快。大学毕业后，她快速进入职场，又进入婚姻，继而又要了孩子。直到快得应接不暇时，她才调整自己的生活节奏——快速从职场退出来，开始自己做小本生意，自己带孩子。人过三十了，一切似乎都没准备好，才方寸大乱。

这两年，她放慢了脚步，给自己时间，再次来到课堂体验蜕变的过程。她先做学员，又做教练，允许自己反复地在现实生活里练习觉察。直至有一天，她搬完家，在温馨的房子里，向丈夫表达了愿望：我已经准备好了，可以再次向职场出发了！

（1）成为“成熟的女人”

孙瑜：其实你是很早就走进暖光课堂的学员。还记得一二阶段毕业后，你们班的学员很兴奋，还经常聚呢！后来，你因为生孩子，又赶上母亲患病，情绪又落到低谷。现在来看，这个课带给你们的“短暂兴奋期”，其实是人生的一种“假态”吗？

齐齐：现在回头看，当初我是带着生活中的困惑走进暖光课堂的。通过学习，我了解了很多原理，感触很深，也找到了自己人际关系差的原因，但理解的深度不够，自己浅尝辄止，又践行不到位，没有继续回到教室深入学习。结果就是用原理把自己的很多行为和想法合理化，没有把课程原理用于改变自己的心智模式，反而带着评判的眼光看待身边的一切，自己却没有觉察到。

孙瑜：是什么样的动力，使得你后来下决心一口气学完所有的课程，孩子那么小，还尽一切努力多次回来做志愿者和第三阶段的课程实习教练？

齐齐：首先，是因为家里发生了大事，我母亲得了癌症。我得知母亲癌细胞已经扩散，看到老父亲第一次在我面前失声痛哭，那种心痛、无助、恐惧的感觉让我第一次体验到什么叫做天塌地陷！作为父母的独生女，我不知道怎么安慰、帮助他们。因为那时，我自己都撑不住——太快的生活节奏，太多的选择，让我眼花缭乱。很多苦恼在那个阶段正如影随形地缠绕着我，我处于空前的迷茫状态！

想起当初课程带给我的力量，我毅然决然走进课程学习的第三阶段。我知道我必须抓紧时间改变，在母亲剩下的时间里，让她开心。“三阶”毕业后，我又带着更大的目标走进课程学习的第四阶段，探索自己的人格和范畴。深入、系统地学习，终于让我悟到了课程精髓！原来，觉察的前提，首先是放下。做人生减法的意义，比做知识的加法更重要。透过人格分析，我发现了更完整的自己；通过家族系统整合，我学会了用潜意识、显意识看见家族，看见真实的自己。

孙瑜：记得在工作坊场域里，你通过个案，看到了你家族的隐性动力。不光是看见母亲生病的原因，还能看见你自己与父母的关系，你的亲密关系甚至亲子关系的真相。

齐齐：是的，场域确实震撼到我了。即便看到了真相，人也是很难一下子就觉察到的。一颗心要经过不断地磨炼，才能启动。于是，我决定在第四阶段毕业后去做课程第三阶段的教练，希望在教练与学员彼此为镜的过程中，磨炼自己。这个过程让我看见了完整的自己，看见了完整的父亲和母亲，完整的爱人。我自己下决心，首先从原生家庭“内在父母”的位置退出，把父母间的关系问题还给他们，让他们自己去处理，不再像过去一样干涉他们；在亲密关系里，回到妻子的位置上。这时候，才基本上算是“成熟的女人”。

我在做教练的过程里学习到了用“中立”的角度看事情和问题。当我不再陷在事情里的时候，当我能够从系统的更高维度去看问题的时候，我一下子就能理解，也能很自然地接纳令我苦恼的事情和问题了。当自己不再抗争之后，生活真的变得风平浪静了。原来，没有人故意跟我过不去，一直为难我的，其实是我自己。我的家，值得我好好珍惜。

（2）夫妻共学习、同改变

孙瑜：你挺厉害的，能推动爱人也走进课堂。我在课堂上看到这个憨厚老实的转业军人，好几次被他深深触动。

齐齐：说实话，原来我最不能接纳的就是我的“快”和他的“慢”形成的矛盾。我的“快”，总是与成果连在一起的；他的“慢”，我觉得就是没有成果的原因。

通过暖光课程的学习和体验，让我有了一个新的认知：性格的差异只是导致人的风格的快与慢，而人的风格不一定是形成成果的唯一原因。我快速开路，他细致善后，彼此都做各自擅长的事，这也是一种觉醒后的默契。丈夫上过一二阶段课程和五伦关系课程后，我们在亲子关系、夫妻关系方面更好地沟通了。有时两人之间，免不了有人处于盲区，聊一聊就消除盲区了。这对我们夫妻共同成长和对孩子的成长太重要了。与其要求孩子成龙成凤，不如父母自己做孩子的榜样。

两个人都完成暖光课堂的学习之后，我们惊讶地感受到对方的变化！过去，我不爱理他原生家庭的亲戚，很讨厌与他们联系。后来，我做了比较大的改变，融入了他的家族，跟那些亲戚成了一家人。这对他的支持非常大，让他觉得被尊重。丈夫觉得我越来越有主见，在很多方面都能给他很多支持和有效建议，我也感受到了丈夫日渐扩大的格局。我俩和谐的相处方式，对稳定孩子的内心起到了很好的作用。

几次做教练的经历，也让我看见了我们的夫妻关系问题的根源。曾经，我无法认可丈夫，因为我完全看不到他的付出，我并没有把他当爱人看，而是要求他像父亲一般照顾我、疼爱我，是在他身上索爱来弥补我童年缺失的父爱。但是这对他是不公平的，我们之间不是父女关系，而是平等的夫妻关系。他做不了我的父亲，只能做我的丈夫。所以，我在婚姻里一旦错位到女儿的位置上，就会对丈夫一味索取，永不满足，会永远心理失衡，也就无法让夫妻关系平衡、和谐。当我回到自己的位置上，让彼此的付出与接收回归平衡时，爱便开始在家里流淌起来。两个人都更加理解彼此，爱护彼此。

（3）尊重父母，接纳父母

孙瑜：你们80后、90后独生子女这一代，父母普遍会在物质上倾斜于你们，但同时也对你们有比较高的要求。由于这些要求存在很多控制的成分，造成这一代人与父母的关系普遍紧张，这也是存在的事实。这一点，你有什么体验？

齐齐：确实是的。在教练经历中，我印象最深的，就是引导一位80后学员成长的过程。我和她的经历很像，处事方式也很像，跟父母的关系也很像。当看到她不断抱怨脾气暴躁的母亲时，我似乎也看到了自己过去在心里对父母的抱怨。

我们这一代，确实在物质上受到父母的不少特惠，但同时也被要求了很多并不是我们想要的东西。这两代人的沟通障碍确实很大，社会悲剧一再上演。过去，我们普遍认为是父母的问题。但在课程里，我在家族系统动力里，看到了生命动、变、前的规律，看到了家族一代比一代应该更有力量的本质，看到了父母那一代所处的时代和教育背景，我深深理解了这种沟通障碍的深层原因。任何一代人如果只选择停留在盲区里，都是对整个系统的反向推动。

我们这一代有幸赶上心理学高速发展的时期，难道就要用我的认知来要求父亲立刻达到我这个高度吗？对父亲最好的尊重，是允许父亲如其所是。父亲不完美，但他一直在倾尽全力地爱我，就凭他和母亲给我这条生命，还不足够吗？我们的接纳，不一定就是认同，但起码做到尊重。这些区分，都是我在做教练的过程里，一点一点清晰、明确起来的。现在，我跟父亲的关系越来越和谐，父亲的情绪状态也比过去平和了很多。

孙瑜：你母亲的病现在怎么样了？

齐齐：进入课程学习的第三阶段前，我只是觉得患病的母亲很可怜。课程毕业后，我才知道，孩子可怜父母，并不是真正的尊重父母。接纳母亲原本的模样，才是真正的尊重。作为一个母亲，她需要孩子做什么？她无非要和孩子说说心里话，要孩子去倾听。我突然明白了，对父母最好的爱，就是首先过好自己的生活，并且花时间多陪陪他们。客观、中立地听听他们的倾诉，但也并不一定要全部认同他们的话。子女多安慰和劝解父母，会让他们及时化解自己的很多情绪。这样既宽慰了父母的心，又让父母有了一个健康的心态，何乐而不为？我母亲现在整个人的状态都很好。是因为她在我身上体验到了自由，她自己也学会了放松。

（4）彼此尊重，重新出发

孙瑜：听说你最近突然决定重回职场，在家庭里负责主外，这是你们夫妻俩的共识吗？

齐齐：是的，是我俩的共识！这关键在于怎样理解“男主外，女主内”这句话。每个人的能力不同，对家庭的付出方式也不同。在系统整合理论中反复提示，夫妻俩在家庭中不管扮演什么角色，只要有彼此尊重这个前提，都会让家庭关系和谐。无论“主外”还是“主内”，重要的是男女双方在心灵上有一份默契，形式并不重要。男人获得了支持，他不会觉得照顾家庭是一件没面子的事；女人如果能够看到男人的付出，感恩这份付出，也不会觉得嫁一个“煮夫”是件丢人的事。如果双方都很明确自己要的是什么，爱人要的是什么，就不会因外界的评判而动摇。所以，夫妻双方能够在心灵上共同成长，对一个家庭甚至一个家族来说，都太重要了。

我选择了一家外资保险公司，是因为这是一件为生命服务的事。谁都无法逃避生死，如果因为我的感召和服务，能在生命终了时给人们送去一份安慰和保障，我觉得这就是我的价值的体现。

在我入职培训期间，就陆续有伙伴加入我的团队，我很快便晋升为助理业务经理，同时获得了团队“香港游”的奖励。我在暖光当教练，还经常在导师团身边负责讲微课、公众号运营等工作，近距离向每位导师学习。这些对我的帮助很大，我知道了用系统性思维去看问题，所以我会在这次新职场里“能量爆棚”。

孙瑜：听说你们夫妇很注重给孩子选择早教课程？

齐齐：是的，我们给孩子安排了针对性的早教课程。但是，我俩更一致地认为：和谐的夫妻关系，才是无法替代的最好的早教课程！我们的关系和谐了，孩子才能体验什么是和谐。我们之间被爱滋养着，带给孩子的才能是觉醒的爱。被爱滋养而长大的孩子，他的内心是富足的。富足的内心，能够让他在面临人生的岔路口时，作出“负责任的选择”。他一生总要经历功过是非、高峰低谷，无论怎样，只要他内心富足，就会充满喜悦。

3. 一身冷汗的价值

被采访人：机关工作人员　惠惠（化名）

背景：第一次出现在教室里的她，看起来很疲惫、憔悴，还有惊恐和无奈。她随身携带一个小包，走到哪里，包就背到哪里。她说，包里是存折和房本，是身家性命，要永远背在身上，绝不能再让前夫骗走。

那段时间，她被阴影笼罩着，职场也不顺。她带着困惑，更带着一份对厄运和解的决心，坚定地学完了全部课程，随后马不停蹄地学习怎样当教练。

半年后，她身边的“黑雾”散去了，一抹亮色入心。接着，职场首先传来了好消息，随后，她的情感生活也有了意外的起色……

（1）命运因“看见”而发生转折

孙瑜：第一次课程，我正是从你那个形影不离的小背包开始，特意给你设置了一个体验环节：一座大山，紧紧地压在你身上，你艰难地向前爬行……

惠惠：那座山确实压了我很久。从 1996 年到 2013 年，在长达 17 年的时间里，我深陷在一段痛苦的夫妻关系里。

与前夫十多年的感情纠葛，让我身心疲惫。被欺骗、被负债、痛苦、纠结是我那段生活的关键词。前夫对物质有着极度的渴望，但是他选择的获取金钱的方式却不合法，基本来自欺骗。到后来，从他口中，我和我的家人已经得不到一句实话了，两个家族的亲戚朋友都屡屡深受其害。这样一个和我的价值观完全不同的人，给我造成深度伤害的人，我却一直无法放手。

当他从监狱服刑回来之后，我还是选择了复婚，我给自己的理由是：孩子五年没有见过父亲，我要还给她一个父亲，我亏欠孩子。没有想到，复婚仅仅一年的时间，我再次身陷囹圄，被骗负债近50万元。在愤恨、绝望、无奈之下，我再次选择离婚。

这一次我已经无暇顾及感情上的被欺骗，因为巨额的负债让我无法面对未来。在我最为绝望的时刻，在我身心俱疲的时候，毫无安全感的我，抱着最后一丝希望，走进了暖光课堂，想破解一下我的命运。在这个课堂，我看见了一个心智不成熟的自己。这个“看见”，是我命运的转折点。

（2）看见真实的自己，惊出一身冷汗

孙瑜：那段时间，不单是你的生活，包括你的工作，也有不确定感。那时，你被借调到一个单位，却迟迟不能确定自己何时能转正。应该说，你是一个很努力的人，却得不到认可，对吗？

惠惠：走进课堂前的那段时间，我的生活好像被一团黑雾笼罩着，各方面都有不确定感。我看不透前夫到底是什么人，带着混乱的心草草和他复婚，心里却踏实不下来，工作上更是因为借调的身份，总是很不自信。我好像确实努力了，却无法赢得领导和同事的认可，我很渴望接近同事，却总是觉得进不去他们的圈子。

在课程学习上，特别是在第三阶段，我得到了导师、教练、学员的全方位反馈，一下子让我看到了自己的盲区。首先，我了解了自己身上的家族隐性动力。我之所以成为我，有一部分是我的家族赋予的。我之所以会与这样一位男人结合，也绝非偶然。回顾自己的生命成长历程，我看到自己给自己挖下的一个个坑。我屡屡受挫的深层原因，完全是源于我自己的那些限制性信念。因为没有发现生命意义和内在的匮乏，我会在“不配得”和“界限不清”上不断徘徊，从而导致必然发生的挫折。

我在想，假设我在未踏入社会之前就能听到这些真实的反馈，产生这些认知，我的生命之旅会少了多少坎坷，可以少走多少弯路啊！

孙瑜：所谓“一切都是最好安排”，是指每个人都有她的觉醒的时机。大家都很意外的是，你在经济困难的情况下，依然感召亲友支持你，选择把四个阶段的课程全部学完。

惠惠：我能学完全部课程确实不容易。对一个工薪阶层来说，要还债，要养孩子，经济压力很大。我能坚持学完课程，源于我要彻底找到自己命运的源头，改变自己的命运。我不希望孩子再复制我身上这套行不通的模式。

我在学习中明白了，父母的关系、孩子幼时与父母的关系，会对孩子产生一生的影响。我坚信一个母亲的蜕变，对于孩子来说是最大的财富；我更加坚信自己思维模式的转变，会给孩子开创一个光明的未来。所以，我排除万难也要进课堂。

通过在更高阶段的课堂上的系统学习，深层解读自己，我看到原来的自己是如此在意外界的评价，害怕失败。自己把自己的喜怒哀乐完全交给了别人，活在了别人的评价里。就拿自己失败的婚姻来说，草率复婚的深层原因是不允许自己失败，只是幻想着对方能改变。因为自己本身就很无力，我除了恐惧别人的评价，几乎不清楚自己在这段关系里到底要什么。

在高阶段的课堂里，我更清晰地看到了我在与其他人的互动中，表现出的依赖、讨好、交换等行为模式，还看到因这些行为模式产生的负面影响。我不懂得怎样恰当地表达爱，没有自己的立场，常常患得患失。这样的模式，让自己活得很累。职场上，更是因为自己有所求，不敢做真实的自己，结果反而适得其反，想要好评，却得差评。

站在中立、客观的角度看见真实的自己，让我出了一身冷汗，但冷汗出得值！

（3）母亲的蜕变是孩子最大的财富

孙瑜：当看清楚那个不完美的自己时，你能够接受那个自己吗？

惠惠：我开始是有些接受不了的，不但不喜欢，甚至自己都很瞧不起那个自己。在第三阶段的导师、教练的带领下，并经过第四阶段的人格分析和自我对话练习，我学会了接纳过去的自己，同时探索自己更多的可能性。

在婚姻发生变故后，我曾一度是个外求者，希望获得别人的可怜和同情，并把改变命运的希望押在孩子身上。我每天盯紧孩子的表现，她要是“不听话”“不优秀”，我就觉得她对不起我。一旦孩子对我有逆反的行为，我就会陷入焦虑。

在学习完暖光的课程后，我的亲子理念发生了变化。我明白，一个焦虑的妈妈，很容易培养出一个焦虑的孩子。我也在这个过程中，学习到一些方法：放下掌控，尊重孩子的独立性，允许她活出她自己本来的样子。我唯一能做的就是去引导她，而不是说教。

暖光课程里的一句话对我震撼很大："对孩子，信任是祝福，担心是诅咒。"我知道自己爱的立场在哪里，我应该信任孩子，祝福孩子。目前，我和女儿相处得很融洽，孩子很愿意跟我交流，我们在一起有说不完的话。

女儿也曾经问我："爸爸没有家庭责任感，您为什么要跟他结婚？"我告诉孩子："年轻的时候，爸爸和妈妈都没有真正长大成人，心智不成熟时就走进了婚姻，不懂得对价值观的区分和选择，所以产生了分手的必然结果。"

我还告诉女儿："我们虽然离婚了，但你和父亲之间的关系是不变的，父亲爱你的心是不变的。爸爸虽然做了很多错事，但是如果没有他，你也不会来到这个世界，而每个有机会来到这个世界的人，都是幸运的人，所以你还是要感恩。他犯了错，我们也不能全盘否定他。你的思维灵活敏捷，你对人很热情，都是继承了父亲的特质，未来在人际关系里怎样用好这些特质，才是你更应该思考的。"

我告诉女儿，我在这段关系里太胆小怕事，没有立场，洞察力也不够，不懂得正确表达自己的需求。事实上也如此，前夫在财务上变本加厉地欺骗我，和我自己没有基本的觉察能力直接有关。

我还告诉女儿："你对家族双亲的接纳程度决定了你未来的生活，同时影响着你一生的人际关系和事业。父亲犯了法，却不可以因此把他遗忘。"在和她进行了这样的沟通后，渐渐地，女儿跟两个家族之间都有很好的互动了。

我一边启发孩子，一边自己也开始践行。我放下怨恨，从那些伤害里找出正面价值，把焦点集中在未来新生活的创造上，去生活里重新酿造一杯甘露，滋养我自己和孩子，我们走向光明，不再回头。

（4）重新酿造生活的甘露

孙瑜：是的，家族的任何经验和教训，对后代都是最好的功课。“看见”才能转化原有的信念系统，扩大看问题的疆域，才会把过去认为的“问题”变成财富。

惠惠：将挫折、问题变成财富，不单对改善亲子关系有效，还对我的工作产生了显著的效果。我对自己的重新认知，使得我自信起来，说话办事既保持了亲和，又有原则和立场。相当多的同事和领导发现了我的显著变化。这一年考评时，我第一次获得了前所未有的好成绩，办理了正式借调，并提升了待遇级别。我突然意识到，在“妇联”这个服务于女性的岗位上，就是命运给我安排的最好的礼物。

孙瑜：人到中年，对于未来将面临的新生活，你也有很多功课要做。听说你的个人问题也有了新的选择？

惠惠：是的，新男友在走进我的生活。他是个心地善良却很倔强的人，很实干但不爱表达，遇事有时爱较真。我选择他，主要是因为我俩价值观的契合。我更看重的是他为人坦诚、有责任感、有担当、很顾家，真心实意对我和孩子好。在我装修房子时，他事无巨细、一手承担，我自己没费一点心。每次买东西，他都买我和孩子爱吃的，张罗给孩子买这买那，每次出差，他也都会给我买礼物。

在交往的过程中，我们也经历了很多的碰撞与磨合。比如，他对家里物品的摆放与使用有着极高的要求。我们经常会因为用完洗手池没有擦干净水迹、牙膏从半截开始挤、盘子和碗碟没有按照大小和款式摆放等一系列生活小事发生口舌之争。

但我懂得了什么才是理解他，什么才是有觉察地接纳。我依然会有情绪，但我做到了坦诚相待。我告诉他，我变得爱收拾家，并不是因为他教训式的语言，而是因为我体会到了他的爱。两口子是平等的关系，谁也不是谁的父母，平等交流，付出与接收关系的平衡才会持久。慢慢地，他不再跟我强调对错，我也不再跟他较真了，我尊重他本来的样子，不去费力期待他变成我心中理想的样子。这些变化在我俩之间悄然发生着。

家里的环境在我俩的改造下，变得越来越整洁、漂亮。这个变化也影响了孩子，上小学的女儿养成了规律和爱干净的生活习惯。我发自内心地感谢他来到我身边，给予我过去缺失的爱和陪伴。我知道，他是宇宙派来的天使，是我的福报，同时也提示我，这段情感，我需要好好经营。

暖光给我的人生启示很重要：折磨自己的人，大部分是因为不接纳自己的不完美，从而外求完美，追求不到，进而痛苦。殊不知，我们的一生因不完美而完整、精彩。

我现在每天要做的就是去生活里重新酿造一杯甘露，滋养我自己和孩子，和爱的人携手走向光明。

| 第三章 |

职场，原生家庭的再投射

一个人 18 岁以成人的身份进入社会后，无论是继续读书还是参加工作，都将在与师长、上级的关系里开始有交集。这时候人的“心灵空间”开始复杂化。

我们在社会上或职场里所遇到的师长、上级（权威）时，信念系统会自动化地呈现我们在原生家庭中人际关系互动的模式。此时，我们的心灵空间上层，可能会把与父母的相处习惯与上级彼此“投射移情”；心灵空间的中层，会把与兄弟姐妹的相处习惯与合作者彼此“投射移情”；甚至随着年龄与阅历的增长，在心灵空间的下层，还会把对子女相处的习惯与自己的下级、徒弟、员工彼此“投射移情”。

第一节　工作本身源于爱

我们为什么要工作?

早在1895年就提出精神分析概念的心理学家西格蒙德·弗洛伊德，在心理学领域享有盛誉。在他晚年的时候，有人问他，人最重要的事情是什么?弗洛伊德以他几十年的研究经验和对人生的洞察，总结了两句话：去爱！去工作！

人生其实很简单，简单到只需要做好两件事就够了；人生又很复杂，复杂到这么简单的事都做不好。

其实，爱和工作应该是同一件事。学会了爱，也就懂得了工作。带着对一件事情、一个行业的热爱去工作，必然在工作中收获成果。而成果，可以增加成就感，可以服务于自己所爱的人，同时会带来工作的动力。所谓“养家糊口”，听上去很低端，却很现实。心中没有爱，就会缺少工作的动力。

一个成年人，在年轻时想要给父母一个幸福的晚年，结婚后想要给家庭打造出一个避风的港湾……这些都源于内心的爱。爱，让我们在生命的路程上，向上攀登时有目标仰望，向前奔跑时有方向可循。

然而，在职场做一个打工者，能否获得稳步晋升?做一个创业者，企业能否在市场上稳稳立住?如果暂时不能，那问题又出在哪儿呢?

第二节 职场出问题的两大深层原因

30 岁之前，摆在我们每个人面前的重大课题，就是完成自我探索，找到适合自己的、能体现自己价值的职场领域。但现实中的很多人，只要自己有不满情绪，就会拼命换工作，然而换了工作后又发现，新工作同样会有不尽如人意的地方，于是又萌发了跳槽的念头。每次换工作似乎都有足够的理由，但换了之后依然会后悔。这就像个迷宫一样，每次自己渴望逃出困境，试图主动选择出路，但遗憾的是，下一个陷阱正在不远处悄悄地等着自己。

到底是哪里出了问题？怎么中断职场恶性循环？

心理学给的答案是：想要在 30 岁前的职场黄金期好好累积经验和财富，不走弯路，首要的就是正确认知自我。而认知自我的重要一课，就是学会从原生家庭中“分化”出来，并逐渐形成独立的自我。

这些职场问题的背后，都是自己内在世界不同部分的显现，是我们的内在冲突才导致了外在的矛盾。以下是职场出现问题的两大深层原因：

（1）教育中的权威性影响

人追求权力、权威，是从小到大在面对父母、面对各个时期学校老师的过程中，慢慢形成的正常的心理机制。因为，在人们的观念中，尊重权威也是一种道德。因此，通常在我们的眼里，有权威的人是有光环的。

每个人在成长历程中，几乎都有过受益于父母和老师的经历，也可能同时有过受害于父母和老师的经历。这两种经历，都会转化为一种情节，导致自己从内在激励出一种渴望，期待有一天自己也能拥有权力与威望。这本身没毛病，因为这原本是人类前进的动力之一。人被赋予权力，也是群体对有能力的人的一种信任与期待。问题在于，在自己还不具备某种能力时就拼命追逐权力、权威，这种扭曲心理自古以来就是人类心灵的最大敌人。所以，处在当下这个飞速发展的时代，家长们要保持必要的警惕，应当多了解时代的背景，多了解孩子的心理需求。

真正先进的教育理念是尊重孩子的特质，顺着孩子的纹理去雕刻；不区别成长的价值，恰当评论成功的标准。

有很多案例表明，作为父母，一旦自己眼界狭窄，无能而强势，又喜欢替孩子做人生决定，把某些外在成功的标准强行施加在孩子身上，孩子的内在潜质基本就被废掉一大半了。因为操控孩子，除了给孩子带来痛苦，还无法给孩子提供一个以内在安宁为前提的成长环境。

（2）未被整理过的信念、价值观

我们摆脱不了童年的阴影和过去的创伤，容易活在别人的评价里，都是因为没有理清楚自己的人生角色，自身的内在秩序出了问题：不知道自己是谁，不知道自己到底要什么，不知道到哪里去，以及怎么去。

我从自己指导的 30 多场个案和对现实生活的观察中发现，很多人都有一个相似的困惑：职场一旦出现瓶颈期，或者一遇到不如意的境况就想逃离，但是逃离之后又会遇到新的问题，甚至往往后者比前者更麻烦、更复杂。这类人在职业生涯里像是在走迷宫，他们一直不知道将工作与自己的人生价值进行关联，更没有清晰的人生愿景，却总想要在迷宫里找到一个出口或方向，但无奈的是，他们总在原地不停地打转，刚有一丝曙光又退缩了回去。

通常，这类人群在后来的职业发展中都会再遇到不同程度的职业危机。由于之前一直逃离，缺乏职业经验的积累，以致于一直在“新手期”停滞不前。在相应的年龄缺乏相应的累积，一旦面临变化，则会陷入异常被动和无力的局面。这种逃离现象慢慢就会变成一种自身惯性，形成职场“逃离型人格”。

第三节 职场“逃离型人格”是如何形成的？

1. 原生家庭给孩子制造的逃离倾向

我曾翻开一位案主的简历，发现他在每个工作岗位上都没有停留太长的时间，最长的一年多，最短的一个月，短短五年内一共换了二十多份工作。因此他的职业经历特别凌乱，看不出一丝上升的轨迹。

经了解，案主的父亲是一个平时非常寡言的农民，虽然话少，但骨子里却异常固执，认准的事情谁也劝不动；他的母亲性格急躁，对丈夫颇有怨言，觉得这个男人在家里和外面都不顶事。在他的童年记忆里，自己总是因为各种事情遭到母亲喋喋不休的指责甚至打骂，比如不按时起床、贪玩、学习拖延、成绩不好等。每当母亲对着他狠狠责骂的时候，原本沉默寡言的父亲偶尔会帮儿子说话。父亲的帮腔使得战火升级，母亲开始数落父亲，而父亲被惹急了也当仁不让，彼此互怼，甚至大打出手。

试想一下，如果你是躲在角落里的他，你此刻最想做什么？是逃跑！是离开这个硝烟四起、感受不到温暖和爱的家！

他常常会在寂静的深夜里，萌发出离家出走的念头，甚至会藏进壁柜里，在黑暗中获得片刻的安宁。他会在大脑里无数次设想：“如果我有一个温柔的妈妈该多好，如果我的父母能像某位同学的父母那样温馨和睦该有多好……”于是，他总是处于矛盾、割裂的情绪状态中。一方面，他渴望家庭的温暖，渴望父母能够多关注与理解自己；另一方面，他不得不继续面对来自父母和家庭对他的攻击和伤害。他恐惧、难过、愧疚、害怕……慢慢地，他长大了，参加工作后，在职场上的人际关系里只要遇到困难就想逃。他总幻想着人生里能有一个类似壁柜的安全空间，让自己可以获得暂时的自由。

2. 早期成长过程里缺乏成果意识

当然，在职场逃离模式中，也有一些人并没有上述家庭背景，却一样会有类似的表现。这是因为在他从小所受的教育中，只对“好坏对错”留下深刻印象，没有对怎样创造人生成果有任何概念，更没有任何训练。这样的孩子对怎样做一个听话的好孩子有很强烈的追求，学习过程中只会死读书，对于在学习时怎样建立独立思维，怎样破解知识之间的逻辑关系并不感兴趣。

这种类型的孩子会严重偏科，也基本上不会集中精力听课，更不会高效地学习。甚至，由于受到了大量的道德榜样教育，他们可能是喜欢付出的孩子，当班干部、学生会干部，把大量的时间用在社会工作上，却没学会合理安排自己的时间，更无法对自己的学习负责任。

如果这类孩子的父母由于孩子多，精力上顾不过来，或者也没意识去引导孩子培养把握时间、合理分配精力的能力，老师再从道德高尚的角度对这样的学生干部进行表扬，在班里树立榜样，这样的孩子在服务老师和服务同学方面会更加卖力气。但是，在展示学习成果的时候，这些孩子立刻就会被好学生群体边缘化，被奚落、被讽刺。

如果父母或老师此时能让这些孩子从中看到问题，并加以正确引导，是有机会让他们避免走进死胡同的。可往往，父母或老师们对孩子做出的是一种合理化的安慰，比如“别想太多了”“不要往心里去”“别跟他们一般见识”，等等。时间久了，这些孩子也就学会用合理化的方式解释一切，甚至还误以为这叫宽容大度。这个合理化模式会让这些孩子认为，做好人很重要，学习成果不重要。心理学上称这种矛盾的内心感受叫做“矛盾型关系模式”。

这种类型的人，刚一相处，给人的印象普遍不错，但慢慢会发现，这种类型的人平时付出挺多的，却不太容易有成果，所以不太容易被看见，与谁关系都不错，但与谁关系都不深。这种模式伴随着他们长大，将会投射到他们的职业发展中，并且毫无疑问的是，在职场上，一开始大家都对他们有好感，但时间一久，大家都会评论说，人是好人，就是没有让人佩服的成果。

因为缺少独立思维和逻辑训练，他们这样的人在执行上很勤奋，在战略上却很懒惰，当个普通员工或中层干部还可以，但做了企业领导，能力上几乎掰不开镊子。最后，这种平庸的能力使他们无法服众，特别是在飞速发展的企业，很容易遭到淘汰。

这类人因为渴望关注与认可，总是试图用工作证明自己的能力，却总是陷在成果不明显的困扰里。这类人在职场上必然会受到权威的批评，他们童年记忆中的委屈创伤就会再次被触碰。为了避免产生委屈与焦灼情绪，他们便会主动选择逃离。他们内心没有说出口的话是："在他人炒我鱿鱼之前，我先主动放弃那份工作，这样便不会有伤害。"

因此，就不难理解这类人在职场上的习惯表现了：在开始工作那会儿异常认真热情，可还没过多久就开始出现焦虑、紧张及不安的情绪。一旦有人给他负面反馈，或者他察觉到周围领导及同事不满意自己，就会产生自责、焦虑的情绪，最后选择辞职走人。

3. 不会沟通，缺乏有效沟通

我有一个案主，职业生涯的起点较高，同时她的业绩在公司上下是数一数二的，但她发现自己在处理人际关系方面总是无能为力的，她不知道该如何与人相处。她曾经被提拔为主管，但没做满一个月就遭到员工的各种埋怨。老板无奈之下，只得拿掉她的头衔，将她降为普通员工。她受不了这口气，就提出辞职。从那时开始，她的职业发展一路下滑，她再也找不到和当初实力相当的平台了，而频繁更换公司及岗位，也削弱了她的职场竞争力，更谈不上升职加薪了。

在她的个案处理中，才知道她有一个在事业方面颇有追求的母亲。在她三岁之前，她的母亲一直忙于备考。她长大后听外婆念叨过自己小时候的事，有一次她在婴儿床上睡得正熟，被附近的鞭炮声惊醒，她大哭起来。当时她的母亲手里正拿着一本书，听见孩子的哭声就过去看了看，发现孩子既不是饿了也不是尿了，于是她母亲就认为女儿太难带了，便向她的外婆求助，让老人过去帮忙带段时间。就这样，她错过了和她母亲建立关系的机会。

奥地利精神分析学家、儿童精神分析研究的先驱梅兰妮·克莱因，在她的客体关系理论中认为，一个人的人格早在婴儿时期就形成了。因为婴儿虽然不会说话，但是对成人情绪的感知力很强，他们通过感知成人情绪，从而作出反应或判断。

上面这个案主在婴儿期被鞭炮声惊醒，发出哭声是为了让母亲保护自己，没想到母亲不仅没有安抚自己，反而埋怨自己，这让小小的婴儿很困惑。很小的时候，她就懂得察觉母亲的烦躁与愤怒情绪，从而会害怕。只要再经过几次类似的互动之后，她就会开始有意无意地回避与母亲建立关系了。因此，她会慢慢形成回避型的人格，产生自卑、害怕分离、渴求认同等心理。

长大后的她，终于变成了母亲眼里乖巧懂事的模样，但很少再有人能听见她内心的孤独与绝望。她自己也不知道什么叫沟通，甚至连日常表达都经常词不达意。

投射到职场中，这样的人就会表现出“拼命三郎”的工作状态，同时内心对和人相处有一种莫名的恐惧和害怕，不会沟通，更不敢表达自己内心的感受和渴望，无法胜任团队领导工作也就是必然的结果了。

第四节 哪些人可能在职场中有挫败经历？

1. 职场自闭症

在职场上，总会有那么一类人非常“自觉”，他们不希望给别人添麻烦，不喜欢欠别人的人情，遇到困难不喜欢向别人求助，所以这类人在与团队的合作过程中会很被动。其实，这属于职场自闭症的一种表现。他们平时独来独往，不愿意和任何人多说话，跟同事之间也无话可说；他们跟客户打交道也尽量选择邮件、聊天软件等虚拟途径，打电话时会很纠结；他们与领导的交流就更少了，总希望能把谈话时间缩至最短，并尽快结束谈话。

心理专家认为，职场自闭症主要和性格有关。一种人是由于在成长中有过一些不愉快的经历而缺乏安全感，或者在人际关系中受到过伤害，所以对别人过分警惕和不信任，害怕与人接触，很难敞开心扉与人真诚地交流；另一种人是由于自卑，认为自己的性格有缺陷或者能力不足，不愿意与别人深交，担心深交会让别人看到自己不好的一面，因而把自己封闭起来。

其实，患有职场自闭症的人内心也很矛盾，他们不是不愿与人交流，相反，他们很在意别人的眼光，在意别人的评价。他们最大的困扰就是交流不畅，害怕说错话、表错情，而被别人看不起。

职场自闭症大多可归结为社交恐惧或者职业倦怠。相关研究结果表明：人类的恐惧一般来自对未来的未知，社交恐惧也是如此。尤其在职场中，职场新人因为对行业、企业和工作情况的不了解，加之工作要求高、变化快、压力大和竞争激烈，加剧了自己的恐惧感，特别是性格相对内敛、敏感的人，在这个问题上表现得更明显。而年轻的职场“老人”工作时间久了，或多或少会产生职业倦怠。这类人中，有相当一部分人是因为在个人成长过程中，心灵上受到过原生家庭或者其他人的伤害。

在电视剧《安家》中，房似锦只是一个房产中介者，家里有个贪得无厌的妈妈和谈恋爱都跟姐姐要钱的无能弟弟。在城市中工作的房似锦，成了全家人的“摇钱树”。因此，房似锦压力很大，不信任父母，更不信任他人。她刚到静宜门店时，与团队成员的心灵距离很大，是完全不与他人建立私人关系的。

2. 职场豪横，生活失意

在电视剧《完美关系》中，陈数饰演的斯黛拉在职场中叱咤风云，外貌也数一数二，可是丈夫却暗自出轨。她一气之下，收集了丈夫出轨的证据，高调宣布离婚。在电视剧《安家》中，阚太太和先生白手起家，阚太太能力十足，还养育了四个儿女，可是丈夫却出轨了。

这样的故事，让人看到斯黛拉的果敢，羡慕阚太太的手段。在电视剧中，这两位女强人虽然都得到了自己想要的结局，但实际上，她们遭受的情感伤害却很难被抚平。再强的女人，在生活上遭受打击，也会影响情绪，同时影响事业。

3. 表演型人格，处处粉饰自己

具有表演型人格的人，不能面对真实的生活、真实的自己。他们在人际关系中迎合讨好他人，左右逢源，是职场阿庆嫂式的人物。这种表面上看似如鱼得水的人，实际上内在匮乏。这种人一旦得势，掌握权力，会在团队里提倡“你好、我好、他也好”的吹捧文化。团队成员变得越来越脆弱，很少有人再愿意接受挑战，整个团队将不求上进。

具有表演型人格的人，普遍都有很长时间的自卑经历，并且家族里有可能有人已经有这种表演型人格，后代可能受影响传承了这种人格。如果后代在知识学习中，把很多家族现象合理化，善于包装自己，就更加深了这种人格，让自己无法自拔。在职场上，具有这种人格的人，在一定时期内的人际关系和成果看上去都不错，包装自己的外壳不易被识别，而本人已经把外壳当成了真实的自己。时间久了，自己都很难辨别哪个是外壳，哪个是真实的自己。这样的人对企业组织的危险性会很大，这需要企业领导具有很强的洞察力，提醒具有这种人格的人及早进行自我觉察、自我疗愈。

4. 盲目傲娇，眼高手低

有些高学历的年轻人，认为“十年寒窗无人问，一举成名天下知”。在美丽梦想的鼓舞下，他们对事业和工作充满了无限的憧憬和期盼，总认为工作应该是丰富多彩、意义重大的，对现实的判断脱离了客观实际，进入角色迟缓。从理想的美好到现实的残酷，巨大的落差极易使新入职的毕业生产生盲目自大、眼高手低、心理失衡、牢骚抱怨等错误心态，成为他们角色转变的绊脚石。

在我服务的一家民营企业里，一位毕业于名牌大学的学生应聘上岗。他总是排斥毫无技术含量的事务性工作，认为是浪费时间。而一起工作的其他毕业于二本学校的学生没有这样的优越感，从任何小事做起，在积累一定的实践经验后，开始参与和组织现场技术服务，进行技术创新和工具改进。五年后，同事们一步一个台阶地走上了室主任、项目经理甚至是基层领导岗位，这位高才生却因为缺乏现场经验，一事无成，让优势变成了劣势，为自己眼高手低的心态付出了代价。

第五节　关于职业生涯的建议

在心理治疗领域，“分化”指的是一个心理上成熟的人，能够理解他人的感受，也能够接纳自己的感受，既能够听得进去别人的反馈，也同时能做到不被他人意见所左右。这像是一个细胞从原有细胞中分离出来，独立却依然与其他细胞保持着一定的联系。

事实上，只有那些“分化”成功的人才可以真正做自己，既可以做自己想做的事，自由地思考并感受这个世界，取得相应的成果，又能够在与周围人的互动中充分考虑他人的感受。他们可以助人，又与人保持界限，有个性，却不任性。

以下是我提出的关于职业生涯成长的建议：

（1）从现在开始，要有“目标意图导向”

所谓“目标意图导向”，指的是一个人能够清醒认识到自己的价值，并且能确定什么对自己来说是重要的，继而给自己树立一个阶段的职场目标。很多有困扰的职场人，可以先给自己树立一个与自己能力匹配的职业目标。这样就比较容易推动自己逐渐接近目标，并且不太容易被外界评价所左右。

“目标意图导向”的反面是“权威关系导向”。具有权威关系导向的人往往把自己的自尊与满足感建立在自己很在意的权威身上，一旦自己追随的权威批评或否定自己，自己也就会严重否定自己。

真正胸怀远大志向、目标意图明确的人，面对外界的各种批评，会从逻辑上区分哪些是对自己真实而善意的回应，哪些是别有用心的恶意攻击。通过照镜子和客观的自我评估，去粗取精、去伪存真，然后完善自己，不断成长。往往，这种选择能力是一个人成功的重要因素。

用中国历史人物左宗棠的一副对联总结上述分析最为贴切：发上等愿，结中等缘，享下等福；择高处立，就平处坐，向宽处行。意思是说，人生在世，应当怀凌云之志，随遇而安，享受普通人平平淡淡的福分；看问题要有长远的目光，待人接物要谦逊温和，凡事留有余地。

（2）学会区分想法和感受

我们之所以在面对他人的指责或评价时倍感痛苦，就是因为我们常常错把他人的反馈和自己的感受当成真相。在我的工作坊里，我们不断通过教练思维，去学习如何对待他人的批评和反馈。有很多反馈，未必是准确的，甚至会有很多误解。同时，这些反馈的发生，绝非孤立和偶然。如果是有误解的反馈，我们可以通过沟通解除误会；如果是相对准确的批评，我们不妨滤去对方的态度，静心吸收其中有益于自己成长的部分。

在职场中，如果受到批评就习惯性地去揣测领导或同事的态度，会让自己的判断情绪化，缺乏理性。这种判断并不是表达感受，而是在表达一种“想法”。

“感受”是针对自己的，“想法”是针对他人的。训练自己把判断出来的“想法”转变为“感受”，可以这样表述：“当领导您对我不理不睬时，我没办法接受您对我的态度，我很难过，甚至感觉自己要被遗弃了。”再比如上文那个当了主管却又被降职的女生，在遭到他人指责时，她完全可以对他人这样表达：“我感觉很孤独，感觉自己被大家完全否定了。”如果把这种感受直接跟对方沟通，也许能听到一些更真实的答案。

（3）分化情境，改变解读

如果能梳理自己的感受，并试着去接纳它们，我们会给自己的心灵创造出很大的自我接纳的空间，会慢慢从情绪化中解脱出来，而不是被自己的想法和判断所控制。

遇到冲突时，我们完全可以选择在独处的时候，分析对方平时说话是否就是那样的。如果平时说话就是这样，那他对谁都如此，显然不仅仅只是针对我，那么等他平静下来我再去和他沟通；如果他平时不是这样说话的，那就有让他愤怒的原因。如果想不出自己哪里出了问题，可以改天找个机会去主动和他交流一下，也许能打开彼此这个结。

有很多时候，敞开沟通，会让我们重新跟对方建立连接，解除误会，并能慢慢地走出之前的人际困扰，形成新的思维模式，进而改变行为。

当懂得接纳自己和他人的感受时，我们就不难明白，他人说什么做什么只是一种“情境”，而自己对于当下情境的解读才是让自己产生情绪的根源。学习接纳自己和他人的感受，即便不认同，也可以给自己一个正念的机会。正念是一种自我调节的方法，指有目的的、有意识的，关注、觉察当下的一切，而对当下的一切又都不作任何判断，只是单纯地觉察它、注意它。如果这个正念练习做得好，慢慢地，我们就会习惯把自己从情绪中分化出来，从过往的创伤中分化出来。

习得了分化的能力，我们才能真正找到自我，才能打好职业定位与发展的坚实根基，才能把看似复杂的人际关系变得简单。

我们的个性和情感都是我们自己创造出来的。原生家庭和情绪习惯对我们产生过影响，但并不能让我们形成亘古不变的信念。这就意味着，我们同样可以改变自己解读事物的方式。

我们的人生永远不会辜负我们的用心。所有走过的路、犯过的错、流下的泪、吃过的苦，都有可能成为我们的资源。只要我们懂得识别资源、转化资源，我们就会离智慧更近。

总结下来，职场困扰的案例多集中于：

职业发展遇到瓶颈——迷茫；

工作缺乏激情——倦怠；

人际关系不睦——堵心；

怀才不遇——憋屈；

工作、生活不平衡——纠结；

不能做真实的自己——伪装。

这些表面问题的深层叩问是：

你究竟是谁？

你究竟为谁而活？

你热爱工作和生活吗？

你是个价值观和行为一致的人吗？

你懂得职场不是家，职场需要做出成绩，职务晋升需要服众吗？

你懂得什么是职场契约吗？

你懂得用职业化言行与领导和同事互动吗？

你是个能高效解决问题的人吗？

当然，企业组织的领导者在职场上对员工的培养更重要。不要只使用人，不培养人。领导者既不要总是豪横，也不要总做保姆，不要让员工携带情绪去工作，处理情绪是员工自己的事情。领导者要让员工在职场上获得真正的成长，就是要给他机会去历练他自己，接纳自己的真实现状，包括员工如不适应组织发展需求，可以令其离职，这也是一种推动其成长的方式。

第六节 相关案例

1. 创业，让我知道自己是谁

被采访人：梦梦（化名）

背景：她曾是父母的乖乖女，但偶尔出现逆反行为会吓父母一跳。因为这个，母亲把她送到暖光课堂。她用了两年的时间，一口气从初级课程学到导师学院的课程。在她的婚礼上，父母为女儿、女婿的般配高兴得掉泪。没几天，她又告诉父母，她决定辞去在国企的稳定工作，跟丈夫一起去四川成都自主创业。这个决定把她的父母吓了一跳。事后证明，正是这个创业的决定，带给她和丈夫非同寻常的体验，让他们有了很深的连接。这时候，她的宝宝来了……

（1）“乖乖女”内心有颗躁动的心

孙瑜：你与你先生从恋爱到结婚的过程中，有着不少关于“选择”的故事。后来，你俩又作出一起去四川创业的决定，完全符合系统的和谐法则啊！

梦梦：很久以来，我一直是父母的“乖乖女”，大部分时间都很听父母的话。很多时候，我会忽略掉自己的心声。有时，压抑太久的情绪也会突然大爆发一下，让父母猝不及防，也正是因为这些爆发让父母很担忧、困扰。

我进入了暖光的课堂。在课程学习中，对我影响最大的就是学会了什么是“选择”，如何去“选择”。在我们夫妻二人去创业这件事上，其实是我先生的想法碰撞到了我心底最真实的心声。我们俩一直都很清楚，我不喜欢体制内循规蹈矩的工作，我一直有想跳槽的念头，但一直很难真正地实施。那份工作，其实是我父母喜欢的也是我父母为我找的。我一直遵循着让父母放心的想法，没有离职（我相信很多父母听到这话都会很意外，他们也许都不知道他们的孩子竟然隐藏着如此躁动的心，有着看上去如此不值的幼稚打算）。这次的离职，是我选择和“真正的我”在一起的过程，也是和先生一起完成我们成长蜕变的关键一步。所以我认为，跟随并不是形式上的跟随，是真正价值观统一、心灵上的契合。这样两人的路才能走得长久、有意义。所以，这是我俩共同的决定，我们义无反顾。

孙瑜：你俩一起去四川创业，据说整个过程充满了挑战，但你俩看起来其乐融融……看来，你们是有了以往没有过的体验了！

梦梦：去创业，我马上就知道自己有几斤几两了。在原来的国企里，其实我并不如别人想象的那般轻松。在我工作过的那家国企，领导都像我的父母一样，很照顾我，可恰恰我也在他们身上投射了我与父母的相处模式——我努力保持那个懂事、能干的形象。实际上我一个人负责三个部门的工作，还经常加班加点为领导准备各种会议材料。因为我被称赞文笔好，几乎全局的生产经营类文案都是出自我手。我先生经常惊讶于我在如此安逸的一个国企单位怎么能忙成那样！当然，那些经历也锻炼了我，让我积累了很多工作经验。但我觉得这些文案、策划工作，和真刀真枪的市场经营离得很远。

自己创业就不一样了！在我俩创业的第一个月，我反思自己，上了这么多年的学，做过那么多方案，接触过那么多领导，策划过那么多大活动，为什么连简单的接待客户、卖产品我都做不好？真实的市场，就那么残酷——客户只管产品的价格是否合适，品质是否过关。如此简单粗暴的市场销售道理，我甚至会怀疑自己之前都白学、白经历了！

比我有实战经验的丈夫和我一起聊了很多，他教会我学习观察客户心态，研究市场变化规律，他引导我一步步把市场营销学落地。慢慢地，我也整合了以前的经验。结合我之前的所长，在落地经营的同时，我们用规范的管理和完整的合作方案在行业里凸显了我们的长处。在这个通常都会“单打独斗”的二手车销售行业里，我们去整合资源，拿下了和两个大集团的合作合同。

（2）创业不忘为生活“放假”

孙瑜：也有人说，夫妻创业，很容易把家和事业混为一谈。两个人的角色分不清，对夫妻感情反而不好。你们怎么看？

梦梦：对这个问题，我们探讨过。我们认为，良好的夫妻关系是家庭和事业的基石。夫妻关系的和谐，才会衍生其他关系的平衡。比如如何面对自己多变的生活，如何应对生活中的困难，如何对待双方的父母，等等。共同创业也是一样，夫妻要彼此尊重。彼此既要爱护和包容、了解和陪伴，又要守住必要的界限。他的决策我会理解、探讨、尊重，我的不解他会解释、沟通。我们有基本的场域和角色的区分，虽然我们不会严格到在家坚决不谈工作，但起码做到在公司坚决不谈家务。我们自己会为生活“放假”，每周五下班后的时间，是我们的约会时间，这个时间是只属于我们俩的。这样我和他之间，我们与员工之间，都能保持一个良好的状态。

（3）允许宝宝做一个内心自由的孩子

孙瑜：创业半年，你就怀上了宝宝。在做母亲的准备方面，以及进入母亲的角色方面，你有哪些经验可以贡献给其他年轻人？

梦梦：我确实没想到会那么快就怀上了宝宝。但她来了，我俩也很开心，当时就决定要做好当父母的准备！尤其作为母亲的我，除了必备的知识，更多的是要学会尊重生命，创造一个健康的家庭氛围。现在孩子出生两个月，我最大的感受，就是要放下所有的标准去感受她、观察她，一点一点带领她去看这个世界。我打开所有的感官，做好自己，守护她就像守护一株花，静待花开。

孙瑜：作为90后的年轻人，做了母亲后，你对自己的父母有哪些新的理解？比如，在育儿理念和方法上，两代人肯定存在差异，你怎么处理这个客观存在的代沟？

梦梦：做母亲之后才懂得，天下没有不犯错的父母。我和父母间的不同，是我允许自己做自己的，同时也把允许父母做他们自己作为人生功课。这样一来，我觉得我和父母都轻松了，因为毕竟谁都不可能改变谁，不可能完全符合对方的标准。我先接纳了我自己，继而就接纳了我的父母，我知道我是我，他们是他们，我们有各自的生活和追求，这样大家都没负担。

这对我们教育孩子也有很大的启发。我和我先生做过几次这样的讨论：我们各自的父母是有怎样的特质（他们的性格、夫妻之间的相处方式、教育方式、家庭氛围等），哪些需要我们学习，哪些要学习“看见”，哪些要摒弃……我们在这些探讨过程中，很开放、也很坦诚。我觉得这很有意义，对我们如何养育我们的孩子有了越来越具体的方向。

孙瑜：你俩赴四川创业的这一年，是你俩又一次重要而珍贵的经历。这是一个机会，让你们彼此在复杂的人际关系和事务里得到打磨。你们有了宝宝以后，是怎样安排生活的?

梦梦：系统法则告诉我们，夫妻关系是家庭关系里的第一关系。所以，在我生了宝宝以后，我丈夫坚决地放下了所有工作回到我身边，陪伴我们母女。有他在，我心里很踏实。为了全家能每天在一起，他重新选择在北京周边工作，每天白天上班，晚上回家。晚餐，我们围坐在一起，幸福安逸。

我俩一起创业的日子其实只有一年时间，但留下了非常珍贵的体验。我在想，未来我俩再做什么，这段体验都可以很好地支持到我们。最重要的是，我们的这段经历已经足以告知我们自己，怎样做孩子的父母。不管孩子的性格像谁，有一点是可以肯定的：我们会让她做自己，允许她做一个内心自由的孩子。

2. 心灵富足了，钱才会来找你

被采访人：催乳师 梅梅（化名）

背景：曾经作为一个家政服务员，她见证了雇主家的女主人从痛苦的状态走向家庭温馨和谐的全过程，内心受到了极大的震动。原来，她自己也在经历同样的痛苦。

在女主人的鼓励、支持下，她也走进了暖光课堂。刚进入课堂的时候，她在倾诉自己遭受的委屈、痛苦时，失声痛哭。到了第三阶段，她在教练的带领下学会了认识自己，重新学习了一种叫作“沟通”的交流方式。她说，整个学习的过程异常艰难困苦。

她蜕变了，连她自己也未明显感觉到。她只是发现，家的凝聚力在明显增大。直到有一天，一个新的工作机会来到她面前……

（1）女主人的变化让我惊讶

孙瑜：什么原因使得你继雇主走进课堂后，也对这个课堂产生兴趣?

梅梅：几年前，我是一名家政服务员，我的雇主是一位外企高管。她有两个孩子，工作的同时还要处理家务，确实时间不够用。到她家不久，我被她坚韧能干的个性打动。作为女主人，她太能干了，每天加班到很晚，无论多累都是微笑着走进家门。

可我也观察到，她如此辛苦，回到家里却不见他们夫妻两人之间嘘寒问暖，只有很少的交流。我敏感地感受到了女主人的无奈与痛苦。因为，他们夫妻之间的相处方式跟我和我爱人相处的方式差不多。我感觉到女雇主家缺少温暖的同时，也再次体验到我对自己在两性情感上的无奈。

几个月以后，我却发现这个家的家庭氛围发生了颠覆性的变化——他们夫妻二人之间不但有了交流，而且彼此连称呼都变得亲昵起来，整个氛围给人的感觉很温暖。女雇主脸上的笑容更灿烂了，从内向外散发着幸福感。我很好奇，他们之间到底发生了什么，会由冷漠变得如此温暖？我直接问了女雇主，才知道她上了一门关于自我觉醒的课程——暖光的“醒觉人生”课程。

带着对婚姻、家庭的困惑，我仔细咨询了课程的方向。我长期以来的困惑是，我的爱人在农村务农，我们彼此都为改善家庭经济状况做了努力，但却是各自为战。当时家里欠下数目不小的外债，我越埋怨，他对我越冷淡。无奈之下，我出去打工，丢下五岁的女儿，心如刀割。他却说我狠心，这让我很痛心，感觉这日子没法过。

所以，我也想进课堂，我也想改变现状！

（2）我为什么自己交学费上课？

孙瑜：你为什么宁可分期付款支付这笔学费，也要选择上课？

梅梅：女雇主家的家庭氛围的变化触动了我。她告诉我，家庭氛围从冰冷变温暖，是每一个家庭都有的可能性，其中家庭的女主人是实现这种可能性的重要人物之一。和女雇主的交流，让我下决心进入课堂尝试一下。

我和爱人在不停创业，又不断失败，我们互相埋怨，两个人的感情越来越差。这里面肯定两个人都是有原因的。我想通过学习，知道究竟是哪里出了问题。我也听其他学员说过，如果这种体验式的学习，要靠别人赞助，自己对自己的承诺就会严重打折，效果也会打折。这种骨子里依赖他人、目的不纯的实验性学习不如不学。

我很同意这个观点。在寺庙里，善男信女往功德箱里放钱，可以被别人替代吗？如果替代了，是谁的功德？况且，暖光的体验式学习是一个“内求”的过程。一个人在改变自己的思维模式方面不舍得投资，怎么进行下一步呢？

后来的课程实践证明，第三个阶段的课程我确实学得很艰难。我与丈夫的沟通总是没有立竿见影的效果，心中不断升起对他的抱怨。但我给了自己很重的承诺，坚持每周认真完成所有练习。我获得了暖光特意给我的一个学习中国传统文化课程的机会。

中国传统文化的课程的要义和暖光课程如此相通——自己才是一切的根源，时刻内观小宇宙，就会与世界和解。在夫妻之间的相处中，我看到了自己身上有伤人的锋芒。学习尊重他人，尊重爱人，是我首先要完成的功课。长期以来，我为生存打拼、为生存而活，心灵早已经干涸了，自己却浑然不知。我自己和家人在信仰和心灵层面一直“缺课”，是我们的夫妻关系出现问题的根本原因之一。

（3）回家，一切重新开始

孙瑜：课程毕业后，看到你猛地扎下去，一方面学习与家人建立心灵层面的连接，另一方面去重新调整自己的职业方向。

梅梅：是的。通过学习这些课程，我深深领悟到，作为一个女人，确实要尽可能兼顾到家庭的内外两部分才能让家庭关系平衡。因为，家才是我们最终的归宿。

课程后，我选择回家，选择陪在孩子身边。回家半年，我跟爱人的关系改善了不少。我做饭，爱人洗碗，有时他也会收拾家务；偶尔他钓鱼也会叫上我，他钓他的鱼，我坐旁边，边看手机边陪他。儿子转了士官，在部队很努力；女儿学习也不错，健康开朗，也很少生病了。我觉得这是我想要的生活。

去年，一个跟我很要好的姐妹介绍我到一个催乳老师那里学习。她希望我学好技术后回家创业，能陪孩子，也有收入，时间自由，还能积累下人脉。我觉得可以考虑一下。虽然学催乳的学费又是笔不小的开销，但我很看好这个行业，更对自己能做好这个事业充满信心。于是，我准备好了学费和后续的开支，义无反顾地学习成为一个催乳师，并进入催乳行业。

开始做这行的时候并不顺利。没客户，也有过想放弃的念头。这时候，我回忆起暖光课程里，关于“我是谁，我为什么而活”的叩问，想起生命意义的终极价值，我就又有了必须坚持下去的信心。催乳师，这也是个服务生命的职业，很值得我坚持。我又重新充满力量。每天下午六点跑医院，在妇产科病房一个挨一个发名片，介绍自己，耐心传授母乳知识，认真给产妇催奶。短短的四个月，我的顾客多了，我也得到了她们的认可。在这个过程中，我发现在遇到困难时选择逃避，会让自己的心情更糟糕；面对困难，想办法“穿越”，自己则会越来越自信。而“穿越”，正是我在暖光第三阶段的课程里一次次重复做过的功课！

现在，我的催乳师事业越来越好了。我每天都能看到女儿，日子过得踏实又舒心，再没有了以前在外独自打拼的孤独感。爱人长期在农村搞养殖业，投资大，见效慢，回报少。过去我对他充满抱怨，现在我能理解他了。所以，现在我能做到包容他，慢慢学会遇到问题不争吵，等事情过后，情绪过去再慢慢表达我的感受。

现在，我们两个人的事业都慢慢往好的方向发展。

（4）做服务行业，口碑第一

孙瑜：从一个初中毕业来北京打拼的农家女，到今天事业比较稳定的催乳师，这期间，你成长很快，进步很大。在这个过程中，你还有什么体验可以分享给大家？

梅梅：从课程到现在，我对人生的每个选择有了新的理解。比如选择做催乳师，“目标”肯定是为了挣更多的钱。但是，如果把做这件事的终极“目的”放在服务他人上，“目标”就要服从于“目的”。

我接触每一个产妇，都会先耐心细致地把怎样哺乳、哺乳期的营养等各方面的注意事项做一个讲解，并把照顾宝宝的常识传授给宝妈和她的家人。

在催奶时，常常会遇到用惯奶瓶的宝宝不吃母乳。母亲的奶多了，宝宝却不肯吃，宝妈和家人都很着急。这时候我都会用专业技能帮助宝宝练习母乳的吸吮，同时给宝妈讲解喂奶时的最佳姿势。这样一遍又一遍地做，直到宝宝学会自如地吃上母乳为止。

客户群的扩大，全凭催乳师的服务口碑。做任何服务行业，先放下赚钱的目标，专注于做出服务品质的目标，钱自然会来的。

我有一种过去从没有过的感觉，就是每当我现在投入工作时，我能始终带着微笑。这微笑不是装的，是发自内心的，这使我想起我的引路贵人，想起暖光的导师和教练们服务生命时自然露出的微笑。

记得第三阶段的功课里有一句话是这样说的："心灵富足了，钱就会来找你。"现在看，真没错！

3. 成与败，都让我学会从中"看见"

被采访人：民营企业副总 虹虹（化名）

背景：她是家里的小女儿，带着质疑和挑战，她居然从头至尾把暖光的学员课程学完了，甚至把暖光导师学院的课程也一口气学完了。她有逻辑思维，可以把喜欢的体验环节倒背如流；她有一颗易动的心，让她一旦面对自己或他人的创伤时，即刻泪流满面。

后来，眼见她渐渐地沉静下来。她换了一家企业，依然做副总。这次的任职，她成绩卓著，老板对她的管理方式和业绩都很满意。在拔节成长的过程中，她脚下的根，扎深了很多；看问题的视野，拓宽了很多。

（1）遭遇挫折时，贵人出现

孙瑜：记得三年前，是因为暖光的一位导师与你们企业的老板认识，才介绍你来暖光的，对吗？其实，任何人的介绍都只是一种邀请，关键是你自己为什么来课堂？

虹虹：那应该是2013年的秋天。当时我担任一家民营公司的副总经理职务，论职位、论薪水，都不低，但我却极度不满意。那时，我在很多想法上跟老板都不能达成一致，尤其对老板在公司里对我与日俱增的评判和抱怨极为反感，以至于充满了负面情绪。表现在工作上，我做事拖沓，精神涣散，讨厌交流。不仅对老板，我对自己的评价也是一落千丈，自信顿失。

介绍我来暖光的李溯老师，曾在我的公司里做过管理顾问。他带我回顾了我的职场过往，从中发现了一个规律，就是几乎每两年，我就会陷入这样一个恶性循环：一开始，我会信心满满地进入一个新的职场，两年一到，便会满腹抱怨地离开。也许我遇到的老板确实有他们的问题，但也不是所有的职业经理人都一定会像我一样发生这样的循环。这种职场不稳定的“规律”到底是什么？是因为我没有碰到好老板吗？这个问题让我完全懵圈了。

再回顾一下自己的个人生活。那时，我在离婚5年后，才结识了当时的男朋友。两个人在相处的一年里不断发生争吵，彼此折磨。那场恋爱简直就是又一场感情上的灾难，两个人都被拽到了感情的漩涡中去。我一方面自大、骄傲，觉得对方配不上我，另一方面又会自卑胆怯，懦弱地在感情中求得同情和怜悯。那段时间，我的工作和个人生活一团糟，整个人经常陷入歇斯底里的状态。我甚至怀疑，自己是不是精神上出问题了。

我与其这样痛苦、混乱下去，不如找一个心理专业机构寻求答案，解一解对自己、对他人、甚至对这个世界的疑惑。于是，我就接受了李老师的邀请，走进暖光课堂。应该说，李老师是我生命中的贵人之一。

（2）暖光不“洗脑”，只“洗心”

孙瑜：在“暖光体验式”这个人生的模拟舱课堂里，每个同学都会有一个比较大的触动点。为什么导师对性格和人格的分析讲解部分会深深触动你？

虹虹：是的，在这部分的学习中，我深深地被吸引。与其说是被吸引，不如说，我终于找到了“对我的完整描述”。

在讲解我的人格特质时，我当时的感觉就像是被放在了无影灯下，我骨子里的每一寸都被完完整整地照到了。那些曾经的歇斯底里、自卑与骄傲，那些曾经的鲁莽与执着，都被淋漓尽致地描写出来。有精彩的，让我自满的部分；也有阴暗丑陋的，只有我内心知道但不愿意面对的部分。淋漓尽致地描述，让我无处藏身，但同时也有一种终于被描述清楚和被理解的释怀。

从那一刻开始，我尝试放下对别人理解自己的渴望，领悟“自我蜕变”的价值。暖光引导学员蜕变，不是给人“洗脑”，而是让人“洗心”。也是从那一刻开始，我又重拾前进的信心。在课程学习中，导师无论是对人格的分析，还是对限制性信念的探源，都是为了让人跳出由自己亲手设定的思维怪圈。这是一个让人十分兴奋的探索。也是因为这些体验，我突然懂得了人际关系的困惑点，人与人之间，总是因为接纳不了彼此的不同，而产生误解。

（3）职场就是修炼自己的“道场”

孙瑜：看到你在导师学院毕业后，进入新的职场，在高管的位置上学到了一种“教练型的领导力”，提升了不少员工的综合素质。

虹虹：是啊。现在我任职的公司，人数从3年前的不到50人，扩充到现在的150人；业务群组从原来的2个，扩展到现在的6个。这期间，公司培养了越来越多的骨干员工，就连原来比较倦怠的老员工也发生了极大的变化。除了公司老板和其他高管的管理因素，客观地说，跟我自己的成长有直接的关系。

与上一个职场相同的是，同样是副总的职位。不同的是，现在我在跟老板的沟通中，没有了抱怨和指责的戾气。

现在我跟上级讨论事务，能够从中立角度出发，推动双方深入思考更多的可能性，为老板最终的决策提供更多角度的参考。我跟下属的沟通也是如此。在原来的公司里，我曾经被员工的抱怨情绪感染，扮演过“拯救者”的角色，代表员工与公司抗争。结果是，我那样做不但没有解决问题，反而激化了矛盾。现在，再遇到劳资关系矛盾，我首先是静心倾听，再用从暖光学习到的不同知识，区别很多看起来相同，实际上很容易混淆的、似是而非的问题。

我后来发现，职场上大量人际关系恶化的根源，都是彼此听不懂、听不到对方内心真正的声音，长期进行不同频的沟通。如果能在“聆听”和“区分”两部分上把功夫下到位，问题的解决方案也就很快会有了。

在暖光课堂上，导师提示的一段话让我很受触动：“人，早晚要遇到自己的功课。如果你的视野足够宽、足够高，在与父母、爱人、孩子、老板的接触、沟通中都可能看见自己的功课。其中职场，往往是自我打磨的道场。”这段话让我很受益，我也踏踏实实践行。

是的，在职场中接触、交流的每一个人，无论下属、领导，还是客户、对手，都是自己的一面镜子。镜子能引发我的愤怒或委屈，实际上都是我的信念在起作用，与他人无关。暖光课程里所说的“人生是一场投射的盛宴”，指的就是通过环境和他人，我们可以看见自己信念运转的模式。前提是有看见的能力。我就是通过过去在职场上发生的问题，看到了我自己与父母的关系模式，进行了比较深刻的觉察。

正因为明确了在职场上“自我修炼”的目的，我在这家公司任职四年，始终保持自己的职业初心，不计较得失，从点点滴滴的小事情做起。我从公司的长远发展出发，耐心培养下属，给员工提供晋升机会，带动了很多员工的成长。

（4）需要全方位成长的心灵空间

孙瑜：你曾有过几段感情经历，这些年你也允许自己有新的情感体验，每一次体验都会让你对自己有新的认识吗？你怎样看待这种“允许”？

虹虹：这个话题，是我的痛点。感情的问题一直是我最难的功课。离婚后的这些年，我有过两段感情经历，虽然时间都不长，但确实对我触动很大。回看自己的感情经历，我从中看到自己更深层次的信念系统。

第一段恋情的开始，是从他给我准备了一冰箱的饭菜开始的。他给常年离开父母的我带来了家人般的温暖，我深深地被他感动了。当时我想，婚姻就应该是这样的吧。但一到近距离的相处，我们之间就不断发生各种大小争吵。因为我对离婚还有未完结的情绪，我内心深处还缺乏对婚姻的安全感。

后来第二段恋情开始了，又结束了。我以为，对方经历过不少挫折，应该是个成熟男人了。我以为，我在经历了感情的失败后，不会再盲目地选择。可是，我再一次输给了“我以为”。

无论是“被感动”，还是“我以为”，我当时又陷入了自己的感觉中，而不是真的认识、理解对方。而现在看来，那种感觉的背后是“害怕孤单”的恐惧。为什么我在职场上的成长，没有在两性情感方面有所体现呢？

在导师工作坊里，我学习了“心灵空间”理论，一下子顿悟：人的心灵的每一部分，都需要成长和成熟的时间。有很多功课，不是做了这部分，就可以替代那部分。所有的功课，都不可遗漏。家族系统和我们自己创造的因果，都要靠我们自己的觉醒去真正看见。

我现在一直在练习自我陪伴。我体会到独立的状态是一直存在的，无论是单身还是在情侣关系中。因为人始终是独立存在的，也因为享受着这份独立才更可爱。在两性关系里，只有两个真正独立的人才能发生真正的连接，同时也能表达爱对方的立场。连接和立场都在，爱情才会长久。

关于美好爱情，我始终保持着“向往而不妥协”的态度。区别是，我过去内心充满着自怜和对时间逝去的焦虑。而如今，我抓紧时间享受当下，拥有每分钟身心健康的单身时光。

（5）走上“成为”导师的路

孙瑜：在导师学院毕业后，你也会经常回教室当我的课程助教。我从中看到你的意愿、能力和支持生命的态度。特别是在第四阶段的人格分析方面，你已经成为我很好的助手。

虹虹：先要感谢导师对我的认可。从进入导师学院那天起，导师这个职业，就一直在我心里产生正能量。当时因为不了解这个职业的特性，我告诫自己先从自我蜕变、支持他人成长开始做起。这一点始终没有变。

在学习如何成为导师以及跟随导师讲授课程的过程中，我被导师这个角色吸引。导师富有风采，学识渊博，拥有助人的成就感和幸福感。现在，我也报读了中国心理学会心理学普及工作委员会的心理服务导师班，开始了对心理学知识的进一步学习。

我知道，一位优秀的导师，不仅要有渊博的知识，卓越的技能，还要是生活的深度体验者、生命成长的分享者，这才是导师的核心。

| 第四章 |

自我关系里隐藏的秘密

人最重要的是与自己的关系。

无论男女，知道自己生命中要什么，能看见自我、创造自我、超越自我，才是懂得爱自己。

爱自己，才具备爱他人的基本能力。

第一节　自我关系是人际关系的基础

一个人生命流转的过程，就是各种关系产生、发展与消亡的过程。关系是无形的，只能通过心灵的“慧眼”看到，却构成每个人实实在在的、丰富的人生体验。可以这样说，人类的情感从最大的喜悦到最深刻的痛苦，都来源于关系。所以，生命的本质就是在关系中寻找自己，并成为真正的自己。在关系中寻找爱，并成为爱，这是眼睛无法看到而灵魂却能感受得到的，这样的“寻找”和“成为”是生命最高的目标，也是最大的收获。

我曾经指导暖光导师学院的学员们一起阅读童话著作《小王子》。这本书的作者是法国作家安东尼·德·圣埃克苏佩里。这本书通篇都在谈关系的建立——人与自然的关系、人与人的关系、人与自己的关系。

小王子是一个来自其他星球、有童心的孩子。他住在一颗与一间房子差不多大的小行星上。某天，一粒玫瑰种子飘落在他的星球上，并且生根、发芽、成熟。要知道，他对这朵有些虚荣的玫瑰花很好奇，并且对她唯命是从。但是小王子当时还太小，并不明白玫瑰骄傲背后的爱意。小王子伤心了，于是决定离开她，离开这个星球。

他先后拜访了邻近的六个星球。第一个星球上有一位要统治一切的国王，他是个权力幻想狂；第二个星球上住着一个爱慕虚荣的人，每天都沉迷于无聊的自我陶醉；第三个星球上住着一个深陷混沌、迷惘中不能自拔的酒鬼；第四个星球上住着一个实业家，他要证明他存在的价值就是占有更多的星星；第五个星球刚好能容得下一盏路灯与一个点灯人，他盲目地忠于职守，却不知道适应外界环境的变化；第六个星球上有一位知识渊博的地理学家，不过他是个自命不凡、脱离实际的教条主义者。他拜访的第七个星球是地球。小王子在地球与小狐狸结识，并成为好朋友。在那里，小王子学会了爱。小狐狸送走了小王子，并且告诉他，重要的东西用眼睛是看不见的，应该用心去觉察。

在整个过程中，他变得更加悲伤，因为各种所见所闻使他了解到大人们的荒唐、可笑，人们理解不了他的悲伤。在漫长的旅途之中，他发现大人们总是缺乏想象力，只会日复一日地重复别人讲过的话。在这个时候他越来越想念那朵小玫瑰，直到他遇到了那只小狐狸，并且得到了它赠送的礼物——用心灵才能洞察一切的能力。

《小王子》这本书通篇在谈关系的建立。人在几种关系中，最需要面对的是和自己的关系，即意识层面自己和灵魂层面自己的关系，这个关系是其他一切关系的基础，也是生命的终极关系。一个人只有跟随灵魂的指引而非世俗的眼光去生活，在任何关系的互动中获得自由，成为真正的自己、成为爱，才有可能实现他此生最深切的渴望，才会使灵魂获得最深刻、最灿烂的欢乐。

美好的关系需要相互陪伴，需要心灵的共鸣，虽然“告别”难免忧伤，但灵魂的息息相通却不会停止。小王子丢下了他的肉身，得到了自由的灵魂。灵魂虽不可见，却是生命真正的主宰，因其无形，所以自由，因其绵延，所以永恒。

《小王子》这本书，是给人类真正的礼物。它是讲给孩子们听的一个有趣故事，也是写给成年人看的一部童话。从一个孩子变为一个成年人，是一件极其简单的事，只需要时间就可以，从一个成年人再回归为一个孩子，却极为困难，需要智慧和勇气。回归不是倒退，而是攀向人生极致——生活的烦忧在消失，生命的自由在呈现。童心离神性最近，找回童心就是找到了神，这正是作者所说的：“拥有一颗童心是幸运的。”

中西方经典学说都有提及：一切人际关系立足于自我关系。因此，我们想要在人世间建立向往的人际关系，必须要在自我关系上下功夫、做功课。在十多年来的课程里，我发现很多案主的主诉，表面看来是和爱人、孩子、兄弟姐妹、同事、领导的关系出现了问题，我在个案过程中探究根源的时候却发现，实际上所有的问题都源于自己跟自己的关系没有处理好。

我多次在工作坊里用心灵空间的方法做测试验证，结果证明很多人都过多地关注着上下左右的关系，却很少有人关注自我关系。这意味着，人们喜欢向外看，而不习惯内观。

第二节　认知自我关系，从情绪觉察入手

在心理学上，情绪传递的所谓“踢猫效应”，指的是对弱于自己或者等级低于自己的对象发泄不满情绪，而产生的连锁反应。比如，在领导拿员工撒气后，成人就拿孩子撒气，孩子只能拿动物撒气……这种效应之所以在人际关系里很普遍，就是因为人们最难处理的就是认识自己。

我们有情绪，看似是因为某一件事情惹到了我们，但事实上可能是惹自己的那个东西原本就在我们心里，只是被某一个诱因唤起而已。一个杯子里盛满了水，碰了一下洒出来的就是水；一个杯子里盛满奶，洒出来的就是奶。你洒出来什么东西并不取决于是什么东西碰了你，而是你原来在这里面装的是什么。所以有一句话说：“如果你心里没有那个火苗，外面怎么打火也燃不起来。”

人生在世，每个人都有自己的痛苦和卡点，有的人可能是亲子关系问题，有的人是亲密关系问题，有的人可能是原生家庭问题。很多人都以为这些问题来自外因，却不知道问题的根源其实都在自己身上，你遇到的问题其实都跟自己有关。同样的遭遇，同样的事件，最后仍然取决于自己的认知和选择。

你父母曾经对你不好，但是他们现在可能都不和你生活在一起，或者都已经离开这个世界了，但是为什么过去父母对你不好的回忆还在影响你？那份情绪感受怎么到今天还卡住你？因为，它已经变成了你对待这个世界的一种情绪反应模式。

问题在于，还有相当一部分人不知道，或无法觉察到自己的这些模式，所以平时都是在无意识状态下，按照自动化的方式上演着自己的人生剧本。我们把这叫做“心理复演”，就是心理上的重复性演出。

实际上，情绪是一种信号，既是人的自动化的自我保护机制，也是对我们当下处于何种困境中的提示。情绪在本质上是一种能量，我们不必讨厌情绪，因为它是属于我们的体验，体验本来就是人的重要部分。越讨厌它，它就越如

影随形地跟随你。那样的话，还不如认识它，接纳它。

对人体健康不利的不是情绪出现，而是恶劣情绪的积累。人们之所以把情绪称为“负面情绪”，是因为没有读懂自己的心理需求，还对其做了错误的诠释。所有的“负面情绪”的持续，本质上都是你对自己的攻击。我们怎样抱怨外界，就会怎样抱怨自己，这关乎我们的选择。

让我们来看一看下面这些情绪。

（1）**焦虑**提醒我们需要确定自己真的要什么。这是一种混合型的情绪，它是消极的想象力所导致的注意力偏离当下的结果。

（2）**紧张和压力**提示我们是在期望而不是在期待。期望是眼睛盯着不断提升的目标本身，却忽略了享受实现目标的过程。期待是允许自己告一段落，放松休息，接受和肯定当下，享受这个阶段的乐趣，让身心充电，满怀信心地期待、迎接下一个目标。

（3）**沮丧**这种感觉在作怪时，会绝望、伤痛、受挫，内心拒绝接受结果。潜意识里，我们已经被自己打败。

（4）**抱怨**这种情绪是对自己的直接攻击。抱怨和指责时，表明我们正处于困境中，并把自己变成了问题的一部分。抱怨，是因为我们没有得到自己想要的，别人也没有按照我们想要的方式对待我们。在无能为力时，头脑中依然有个声音驱使我们勉强行事。

（5）**愤怒**是一种控制方式。愤怒有时是有价值的，它可以帮助我们表明一种态度与立场。同时，行不通的地方，也可能是利用愤怒情绪要求他人按照我们的游戏规则来出牌。这种情况有时表现为否定自己情绪的积累，有时表现为转嫁自责。所以，愤怒不是感到不安全，而是感到不舒服。

（6）**自责**这种情绪是最大的自我惩罚，是源于“我要完美”的想法。内疚、自责是一种深度的无价值感和无用感，是一种严重的自我内在伤害，极为降低自身能量，损害健康。

（7）**自怜**是一种由于无价值感而自我遗弃的表现形式，绝非同于“自爱”，二者的区分是“价值原则”不同。

（8）**报复**是以忘掉自己更大的生命价值去对他人或对自己施行精神或肉体的暴力打击，把情绪作为勒索手段的。

（9）**无聊**是感觉生活缺乏意义而带来的无价值感。潜意识认为自己没有用，因为没有用而不值得被爱。

以下三类，人们通常会归为行为表现，不以为是情绪使然，实际上这些行为的背后，都有一种情绪在作祟。

（1）**骄傲和自卑。**潜意识是觉得自己不够好，抱怨里夹杂着自责。自卑来自较低的自我价值；骄傲则是利用了优越感来隐藏自己的自卑。

（2）**羡慕和嫉妒。**本质上是忘记了为自己付出，忽视自己的价值和意义，是紧张、压力和沮丧的混合情绪体，他以为只有得到那些别人拥有而自己欠缺的东西时，才有资格得到快乐。眼睛只看到他人的价值和意义，就容易忽视自身的价值和意义。

（3）**吝啬和贪婪。**源头都是空虚和匮乏，是焦虑和恐惧的情绪混合体。当对自己的生命有了足够的尊重和接纳时，便会除去匮乏感。

第三节 学会“表达情绪”而非“情绪化表达”

我们所有的感受，甚至最强烈的恐惧、快乐或痛苦，都是来自我们内心的信念。打个比方，我们鼓起勇气告诉酗酒的父亲，如果他继续喝酒，我们就不再跟他住在一起。那么他会是什么反应呢？他会大吼大叫，咒骂我们忘恩负义、目无尊长。这时我们会有什么感受呢？是不是很愤怒、无助，还夹杂着一点内疚？这个时候，我们可能认为我们的情绪来自父亲的行为。这只说对了一半。

在我们的情绪感受产生之前，我们脑海里早已有了一些信念。比如，孩子不应该训斥父母，或者父亲目前是个病态的人，我是不是应该照顾他？正是因为这些深藏的观念，我们才会觉得内疚、自责。这时候，我们不需要在对错间做出评判，而是去理解我们的观念和感受之间的关系，这才是停止深陷情绪的重要一步。

我们想要改变自己的行为，首先要改变自己的信念和感受。

我们首先要探寻我们真正的自我到底是什么模样。我们的信念隐藏在我们对人、关系、道德的态度、认识和定义之中，已经成为一个强大的系统。比如，孩子对待父母的信念系统，可能会建立在孩子对父母的效忠之心上，会觉得让父母高兴、自豪是自己的责任。同时，父母因关系不和、离异等遇到的痛苦，也觉得是自己的责任，有时觉得父母离不开我们，有时又觉得我们离不开父母。

这种情况就有可能是在心灵空间的整合上，过度关注父母和权威，把父母和权威的状态等同于自己的状态。如果在成人后还处于这种状态，就有可能与父母或权威共处于一种“共生关系”。这种关系在心灵上与父母有很大的黏附性，无法剥离。

父母对于孩子，父母是大的，孩子是小的；父母是给予的，孩子是接收的。孩子可以终生孝敬父母，但不一定认同他们的观念。成人后，孩子的心灵一定是独立的。孩子自己成立小家庭，小夫妻的序位一定是第一位，但这并不影响夫妻双方孝敬自己的父母。

当我们受到生命中的挫折，我们既不要埋怨原生家庭，也不要埋怨环境和他人。唯一可以令我们翻身的就是我们有机会找到挫折背后的信念系统，这是我们自己该负的责任。我们要学会看见这些内在的动力，并学会通过表达来疏导情绪，转变过去那些根深蒂固的信念系统。

首先，我们需要在人际关系中，少一些“反应”，多一些“回应”。那什么是反应，什么又是回应呢?

反应就是应激情绪的即刻流露，是一种“应对效应”。行为主义的“刺激-反应”模式，一个刺激紧接着另一个反应。在反应的状态下，我们表达的有可能都是情绪，而不是感受。当我们可以平静下来，觉察自己当时的信念和内心感受，就有可能看清楚自己对自己的评判，也能充分表达自己的感受。

冷静下来表达情绪，就是“回应”。

少做反应，多做回应，就是要在做反应之前，等一等、停一停，思考一下，意识到自己的信念和感受，不能任凭它们驱使我们做冲动的事情，冷静下来后才表达。“非辩护性回应”就是一种行得通的问题处理方式。

非辩护性回应就是使用一种有节制而温和的方式，坚定地表明自己的立场。我们可以这样说：“您的话我听到了，也许有道理。可是我现在还没想明白。给我点时间。”而且，接下来一定要抓紧机会主动谈谈自己的看法，表达自己的立场。

我们要注意的是，当使用非辩护性回应时，我们首先要表达听到了对方的话，然后让对方给自己时间去思考。这样，对方都感觉到被看见。当然，对方采取辱骂和人身攻击的方式除外，因为这是超出沟通的前提了。

如果遇到对方超越界限的行为，我们可以表明自身立场。表明立场时，可以明确说明我的想法和信念，什么对我来说是重要的，我可以接受的和不可以接受的都有哪些。这些问题可大可小，小到对某部电影的看法，大到对生活的基本理念。我们如果把自己的立场早一点表达、冷静一点表达、明确一点表达，会对与对方的关系有益。

当我们完成自我界定，当我们习惯做出回应而不是反应的时候，当我们明确表明自己的感受和想法的时候，当我们对自己能做到的和不能做到的事情设有限度的时候，必然让他人看到我们立起的界限。

自我界限，顾名思义就是自我的边界。打个比方，如果我们每个人是一个国家，那么自我界限，不允许别人闯进来，当然也不能闯入别人的地盘。自我界限，其实就是一道区分自己和非自己的界限。

自我界限不清楚，通常有两种情况：一种是侵入他人的边界，就像过度控制的父母侵入孩子的边界，将自己的想法和意愿强加于孩子；另一种是别人侵入自己的边界。

很多时候对于特别亲近的人，我们的界限不是很清晰。比如亲情，我们不知如何拒绝侵入，担心破坏亲子关系。这个时候，我们可能会处于焦虑的情绪状态，这也不利于人际关系的建立。比如企业的合作者之间，过去是朋友、是师徒，或者是情侣关系，因为关系界限不明确，也会在公司运营过程中不断发生界限侵入或被侵入的情况，严重影响各自的事业、关系的发展。

有自我界限感不等于自私自利。自我界限清晰，并不是意味着不需要别人，而是表明我们在与他人接近的时候，没有近到可以失去自己的程度，可以换位思考，但自己绝不等同于他人。

一个成熟的人，在和配偶、父母与儿女之间，在和朋友、合作者之间，都会有清楚的自我界限，既给别人足够的个人空间，也要保留自己的个人空间。

第四节　自我连接的主动性和被动性

这次全球暴发的疫情，是让全人类被迫停下来开始思考问题的时候。生命就是生命，没有贵贱之分。病毒是一种生命的载体，人类也仅仅只是生命的一种载体。假如，全人类都能借此机会开始净化思想、清理认知、审视问题并改善问题。我们所有人一起集体转念，意识到每一种生命都是宝贵的、平等的时候，这场疫情就是在催生人类的自我内在连接。

俗话说，人之将死，其言也善。这是俗语，却也是对于人生最终彻悟的一个总结。在正常情况下，生命间纷纷扰扰、匆匆忙忙，人们最容易迷失自己、忘记自己，忘记什么才是自己最需要和最应该珍惜的。

不评判其他，仅就冯小刚导演的作品的艺术性和创造性来说，在一定程度上，他很善于运用生与死的故事，对于人性在花花世界中的迷失有着比较直观的揭露。在他的作品中，有着多处的这种暗示。除了在《大腕》里通过极其荒诞的葬礼来展示人性的善恶之外，《手机》里的严守一就是在奶奶死去的葬礼上彻底醒悟，而《天下无贼》里的刘德华的角色更是通过自身的死亡来换取了一种救赎。在《非诚勿扰 1》里，舒淇饰演的角色笑笑也是在自杀未果，经历一次死亡的遭遇后，彻底与过去的恋情告别，开始了新的爱情。到了《非诚勿扰 2》中，这种拯救的情节则变成了李香山的死亡。影片中，李香山得知自己患上绝症，作为朋友的秦奋向香山许诺，要让香山有尊严地死去。香山尚在人世时，秦奋为香山举行了一场别开生面的“香山——人生告别会”，模仿葬礼的形式，邀请亲朋好友上台发言，说出自己想对香山说的话，而李香山本人则坐在台下倾听，并为自己的一生做出“爱过、颓过、活过”的总结。这是影视作品揭示人性的一种极端手法，让人不得不在向死而生的体验中做一次自我连接。

这种接地气的普通百姓体验生死的方式，也是后来越来越多的影视作品没有刻意塑造完美人设，没有强加“圣母心”，让观众更容易接受作品里的普通人物、也更能击穿人心的原因。

人离开这个世界，除了体验可以带走，所有的物质都带不走。

比如电视剧《安家》里塑造的角色房似锦，她不遗余力地劝老严夫妇用毕生资产全款为儿子买房，不加解释地撬走同事的单子，对钱的欲望总是写在眼睛里。此外，吃饭总是狼吞虎咽，明明收入不菲却住凶宅，穿的衣服都是普通货……以上种种，让房似锦不再是人见人爱的“模式化”榜样女主，她也有着鲜明的缺点，这让角色更多面、更丰满，也更显真实。她的背后还有一系列故事，原生家庭的悲哀和不幸在房似锦身上体现得淋漓尽致，她是重男轻女家庭里的受气包，是爹不疼娘不爱的“还债机器”，是心软到让人气愤的“扶弟魔”，她面对母亲撒泼时的无可奈何与卖房时的霸气、自信完全相悖。

这是一个让观众又生气又怜悯的角色，主创人员想呈现的不只是万众期待的绝地反击，还有她的困惑、无助和痛苦挣扎。因此，观众不能再以“好”与“坏”这样的字眼去评判人物，她是“卖房人房似锦”，也是“可怜人房四井”。

剧中，她的自我连接和自我觉醒，受到了徐姑姑潜移默化的影响，触动了灵魂。她从鲁大师那里出来，对姑姑说道：“当一个人把恐惧写在脸上，所有人都会瞧不起她；当一个人散发这种气息的时候，她瞧不起的人就会主动去靠近她……”她说这些话的时候，眼睛里流露出对自己的失望，对出身和命运的无力抵抗。

这部剧即便是对徐姑姑的人设，作者也完全不害怕展现出他人性里的那些复杂面。他是一个既可以和前妻共同钻法律的空子，又可以善用法律和前妻对簿公堂的人。同时，无论是面对翟副总处心积虑的打压、伪善和利用，还是面对风水大师的诱惑，他都非常有立场地帮房似锦去伪存真、识别人性，又助她看清内心深处的彼岸方向……

大奸大恶、大善大爱之人在我们平常生活里都是少数，大部分人都是普通人。而普通人通过生活中的教训，主动自我连接、自我觉察和自我觉醒，才更有说服力。

第五节　创伤的价值与转化创伤

其实，没有人是完美的。一个人正常健康的发展过程，必然是要面临正常人都会面临的许多创伤。

其实，我们的出生就是一次创伤。从安全、温暖、自在的子宫，来到这个世界。子宫是包裹性的，自在而安全的，子宫外则充满空气和各种未知。随后，断奶也可能是一次创伤。入幼儿园、入小学，也会是一次创伤。连结婚甚至都是创伤，不然也不会有那么多人在结婚那天抹泪了。

可以说，生命里每前进一步，都伴随着创伤。创伤往往也意味着跟过去的告别和一次新的成长机会。正是在这样不断承受创伤的过程中，我们走向成熟，变得茁壮。

有时创伤造就我们的天赋。创伤心理学的研究者们发现：创伤性的事件，不一定带来创伤性的结果。同样是创伤，我们可以拿它砌成围墙，困住自己，也可以将它做成挡雨的屋檐，甚至防弹的铠甲；我们可以持续抱怨着无法改变的过去，也可以在创伤之上，开出花朵，结出香甜的果实；我们也可以把创伤转化成苍天赠予的“礼物”。曾经有人说创伤造成的裂痕，是光照进来的地方。

我们每一个人，其实都是创伤的幸存者。创伤可否转化成养分滋养我们，在于我们能否有勇气直视和接纳过去发生的一切。创伤这个“礼物”，用好了是历练与成长，用不好可能真的会因此痛苦一生。只有直面伤口，才能与过去和解，否则可能会越陷越深。

转化创伤最好的方式是觉察、尊重、理解自己，并且接纳过去。因为过去是我们生命的一部分，造就了现在的我们。

觉察能让我们避免抱怨命运、抱怨父母，能让我们回到自身，看一看自己可以做什么，让自己的生命获得滋养。别人是不可控的，但对自己的行为方向，我们一直都有掌控权。

天底下的父母，都是第一次做父母。很多时候，他们不知道怎么做才算好，无意中，他们把自己曾经受过的伤，传了下来，给了我们。这的确很糟，但好在我们永远都有选择权。

人有三次出生，第一次是精子和卵子的相遇，组合成有无限生命力的受精卵，为我们生命的孕育种下了种子；第二次出生，是我们离开母亲的子宫来到这个世界，我们的身心开始起航，生命充满了各种可能性。第一次和第二次的出生，我们看似都是被动的，我们被选择、被引导、被要求……我们没有选择权和掌控权。幸好还有第三次机会，我们是可以自己做选择的。我们选择成为自己，自己为自己负责，不因自己的不幸抱怨原生家庭、环境和他人。

不是所有创伤都能够靠自己的觉察、领悟去修复。好的爱人、朋友，或者自己的一个生命导师，都可能是宝贵的资源，能温暖我们内在那个受伤的小孩，带领内在小孩在心理上重新成长。只要得到这样的爱和关系，我们都能获得重大的修复与蜕变。

第六节　相关案例

1. 接纳“过去苦”，收获“今日甜”

被采访人：退休人员 爱琴（化名）

背景：她是我的发小。在《导师回访》栏目开始陆续发表文章的时候，就不断有学员问我：“导师，您为什么不采访您的发小啊？她这么大年龄了，几年前还在生命中遭受了如此沉重的打击，差点毁掉自己。好在您是她的发小，好在暖光支持她走过来了……”

大家说得对吗？是对的，但也不全对。

的确，在她生命处于低谷时，我出现了，暖光出现了，她确实借助了当时我们提供的一丝光亮走出了一时的低谷。但她后来走的路，让我很佩服：家人团聚了，她成为家庭凝聚的源头；自己身体患病了，她乐观豁达面对；爱人的身体有了小毛病，她居然与爱人携手像度假一样住院治疗。还有，对于与儿孙相处怎样更恰当更得体，她总结出的落地体验，很值得借鉴。

在她身上，我时时能感受到她的生活有宁静中的热爱，踏实中的奔腾，以及朴实中的智慧。

作为发小，我俩因为各有不同而能够相互帮助。我常常从她焕发光彩的生命中，对照、觉察到我自己可以向哪个方向继续精进。

（1）生命低谷遇暖光

孙瑜：如今，你生活过得这么有滋有味，夫妻团聚、膝下有孙，这个幸福来得真不容易。简单说说，你从那年突然遭受打击到参加暖光课程后，自己和家庭周围发生的变化吧。

爱琴：我经历了人生灭顶之灾，他人在背后有过猜测、怀疑、非议，亲友对我有过苛责、误解、冤枉，很多流言蜚语压得我喘不过气来。那段时间，各种传言满天飞，说我自杀死了、精神失常了等。过去的熟人见到我后，也有躲着我走的、回避的，他们诧异的目光像把利剑，刺痛了我脆弱的心。面对着突如其来的变化，我彻底绝望了，崩溃了！

就在我感到度日如年，看不到一点光亮的时候，我的发小——孙瑜，你出现了！在你的引导下，我来到了暖光，从第一阶段的课程学到第三阶段的“醒觉人生”课程后，我毕业了。

奇怪的是，自从走进课堂，我的命运就开始发生了颠覆性的变化，是暖光帮助我改变自己的命运，是暖光的爱使我冰封已久的心慢慢融化、温暖起来，从悲观、绝望到内心充满了爱和希望，从怨天尤人到内心充满了感恩。在暖光，我深深感受到了久违的家的温暖和胜过亲人的厚爱。在暖光的学习时光，是我生命中最为珍惜、重要的经历，我为成为暖光学员而骄傲自豪。

自五年前来到暖光之时，就是我家命运转折，走向幸福的起点。五年了，课上讲的什么我记不住了，但体验环节我记忆犹新。

过去，我认为丈夫、孩子的命运就是我的命运，只有他们好我才好。在暖光导师们的帮助下，我找到了自己的认知盲区，明白了我自己才是最重要的，只有我好，家才好。在暖光，我找到了自我价值，懂得了怎样做一个对生命负责任的人，我懂得了怎样把命运掌握在自己手里。世上从来没有救世主，除了自己，没有谁能打倒你，不同的心态造就不同的人生。我自己的改变，令我家的生活也发生了奇妙的变化，家中好事连连，很多想都不敢想的事情，竟然一一实现。

第一阶段的课程结束时，儿子和新结交的女友来接我，我很欣慰；第三阶段的课程结业那天，儿子和女友领了结婚证，小夫妻俩兴高采烈地接我回家，我感到很幸福！儿子婚礼时，暖光导师团和同班的同学们都来了，你作为我的发小，还到现场做了证婚人。如今，我的孙子快上小学了，非常聪明可爱。孙子成为我们家的小天使，给我们带来了无尽的欢乐和幸福，我最开心的是看到孙子每天健康快乐地成长。

暖光让我清晰地知道了我要什么。我要为健康、快乐、幸福而活。回想五年来所走的路和今昔变化，我深深体会到了不同的心态有不同的人生，饱尝了正负能量带来的惊喜和折磨。

（2）我病倒了，他来了

孙瑜：你的那段难忘经历，已经被多次分享给暖光的学员，感动了很多人。你们夫妻团聚后，彼此相濡以沫的故事更感人。

爱琴：我和爱人同甘共苦的经历，再次说明了：真正的爱，不是简单而苍白的山盟海誓，而是在无数个平淡的日子中的同舟共济！

我当时患上了甲状腺癌。老伴回来的第三天，正赶上我住院做手术。他对我的关照无微不至，术后一个月内我要吃流食或软烂的食物，他就换着花样做给我吃。直到现在每天早上，老伴都会热好早饭，煮好鸡蛋，沏上水，有时会榨五谷豆浆调剂着给我喝。两年来我多次住院，他每天都会来医院照顾我，路远、人多、车堵，真的很辛苦。为了让我心情好，开心起来，术后两个月，他带我去大连旅游，这也是我们夫妻的第一次旅游，我感到很幸福。他退休后领取了住房公积金，给我买了很多礼物，其中一些首饰和高档衣服都是我过去从不舍得买的。我们在结婚三十五周年纪念日那天，第一次去照相馆拍照留念。这些对一般人来说不算什么，对我来讲是最大的幸福。

（3）陪伴，是彼此一辈子的包容

孙瑜：在丈夫回来之后，不但你的身体疾病暴发，不久，丈夫也患了心血管方面的疾病。当两个病人相互面对时，彼此都会有一些情绪出来，这又成为生活里新的烦恼。后来，你又一次进入暖光咨询、学习，获得了哪些新的认知，使你能够再次面对新烦恼?

爱琴：生病后的他，回忆起过去，更难以接受，会因一点小事大发脾气。虽然我知道这是因为过去的痛苦与创伤，是无明火，我尽力忍让，但内心还是很憋屈，焦虑不安。这成为我们生活里的新烦恼。

终于有一天，我俩的情绪同时达到了极端时，就暴发了争吵，争吵中两人都很受伤害。双方身体有病，又怕生气，我不知道该怎么做。暖光又在此时出现，让我想起曾作出的一个承诺：为了家的幸福，我要百分百努力，永不放弃！

我忽然懂得了老伴儿之间的彼此陪伴分好几个阶段，每个阶段都很重要，每个阶段都需要对彼此有新的理解。什么是夫妻？可能是相爱一辈子，争吵一辈子，忍耐一辈子。夫妻之间要相互理解、信任、尊重、宽容。我们夫妻身体不好，所有情绪都是相互影响的。为了家的幸福，为了健康，我必须做出一些改变。

首先要努力转移情绪。老伴生病的五个月以来，很少出家门。他以前喜欢打乒乓球。这个月开始，我俩有时一起去看人家打球。在大家的鼓励下，他也试着打了起来。虽说只打三五分钟，球打得还不准，但心里很痛快。看到身体恢复得还不错，他看到了希望。几个球友都是退休人员，大家一起唠唠嗑，心情也很愉快。在玩儿的过程中，我们之间有了新的话题。我们达成共识：只有心情好了，身体才会好，健康了才会真正幸福。

（4）父母无法替代孩子的人生体验

孙瑜：与孩子们相处，你过去传统的观念是什么？发现哪些观念行不通？后来经过调整，你能接受的新的理念又是什么？对家庭真正幸福的理解是什么？

爱琴：我过去的观念很保守，认为孩子的一切都要在家长的掌控中，孩子要在自己的视线内，总是把他当小孩去照顾。特别是全家处在生命低谷时，孩子也被迫离婚的时候，我很想让孩子回家一起住，能好好照顾他。

然而，儿子并不愿意，这让我焦虑不安。有一天，我下班回去，看到孩子在厨房忙碌着。他居然蒸了米饭，做了两个炒菜和一个凉菜放在我跟前。儿子问："怎样，还行吧？"我说："好吃，你什么时候学会做饭啦？"儿子说："妈，我这么大了，您放心，我会照顾好自己的，我需要独立的空间。"

我只好勉强同意他不回家住。可是心里依然一万个不放心，整天提心吊胆，坐立不安，一天打数个电话问这问那。儿子表示很不满意，我却感到很委屈。

参加暖光课程后，通过体验"人生模拟舱"，我重新认识到，家长要真正地爱孩子，就要先学习尊重孩子，而不是以爱的名义侵入孩子的界限，做出伤害孩子的行为；要认真地倾听孩子，允许孩子有自己的想法和意见；要和孩子沟通，而不是替孩子做选择。

后来，我跟儿子这样说："你现在一个人生活，我真是不放心，请你理解老妈的心。不过，以后没事我不会总给你打电话了，你方便时每天发个信息给我报个平安就行啦。"儿子做到了，我们彼此和解了。后来，包括卖房、创业等问题，我都会尊重孩子的意见，全力以赴地支持他。

家对每个人都很重要。家庭的幸福是需要去经营的，家不是靠金钱才会幸福的。家庭成员的彼此信任、彼此牵挂，就是一种深爱。

（5）自爱，才是自己最大的"天空"

孙瑜：过去，"丈夫、孩子就是你的天""女人就是为丈夫、孩子活着"，这是你坚定的信念。现在你怎么看？

爱琴：在暖光的帮助下，我看到了自己的盲区，知道了"为别人活着"与"爱自己"的关系。过去我的那些陈旧观念，没有把生命的支点放在自己身上。我从前的所作所为并不是真正的"贤惠"，在某种程度上是一种变相依赖。

苦难的生活教会我几点：一是每个人都会遇到自己人生的功课，只是内容不同、时间不同，早做完早受益。二是夫妻关系和谐，家庭生活必定是幸福美满的。孩子在这样的生活环境中成长，耳濡目染，再加上父母的言传身教，个人修养及思想品德自然是纯朴善良的。夫妻关系和谐了，孩子就会有安全感，没有后顾之忧，就会全身心投入到学习和工作中。第三，所谓情商，是有爱又有界限，绝非隐忍、圆滑或苟且。第四，感恩苦难，正是生活的"过去苦"，让我从中被打磨，收获了"今日甜"。

2. 突破自己的"惰性舒适区"

被采访人：自由职业者 轻风（化名）

背景：一个生活条件优越的北京70后女性，长期在北京某国企工作，生活中的一切都安排得井井有条、顺理成章、稳定而缺少变化。

因为参加秘书班的培训，授课的老师介绍她学习暖光课程。走进暖光的"人生模拟舱"，她看见了一个在进取中纠结、在稳定中焦虑的那个并不真正快乐的自己。然后，她学完了暖光的全部课程，并同时考下了国家二级心理咨询师资格证书。在暖光导师学院毕业后，她潜意识里的生命意图越来越清晰，甚至后半生的职业定位都与这个意图密切相关。

于是，带着对过去的感恩，她毅然辞旧迎新，作出了奔向心中“诗和远方”的选择。

（1）离开是为了新的出发

孙瑜：作为第一批暖光导师学院的学员，你毕业已经快两年了。经过很长时间的沉淀和认真思考，你最近作出了一个让周围人惊讶的重要决定：离开你工作了 17 年的国企职场。对你来说，这是个冒险的突破！

轻风：我几年前就有了离开国企的想法，但一直没勇气做出选择。17 年来国企像另一个“父母”，给了我某种身心上的保护和稳定感，离开她，似乎要突破一股很大的惯性力量。

我曾经一度困惑，我对领导、师长为什么总是敬而远之，很难主动表达内心的诉求，似乎正常的关心沟通都会被自己定义为“拍马屁”或者“走后门”。

直到学习了心理学，我才慢慢意识到，小时候幼儿园的“整托”经历，让我错失了与父母交流情感的最佳阶段。对权威，我潜意识中有不信任、愤怒和恐惧的情绪。然而，这也恰恰是想获得他们的喜爱、认可等更深程度渴望的另一种表达。所以，过去我一直努力让自己变得优秀，去证明自己的价值，争夺关注，慢慢地便中断了与自身情感的连接，而被外界评价所掌控，活得虚假又委屈。也因此在与人交往中，我会无意中设定一个“安全距离”，避免发生冲突的同时，也避开了正常的与人亲近的机会。在心理学上，这个安全地带，就是我的“惰性舒适区”。多少年来，我不但看不见这个盲区，而且宁愿顽固地待在里面受苦，也要证明自己的委屈“有理”。

当我“看见”了自己情感上的创伤，也就接纳了曾经自己“不可原谅的缺点”，不再纠结于“距离感”。我意识到，也许正因为比他人更渴望有情感连接，我才对心理学、对助人的事业有持久、强烈的兴趣，才会最终作出了突破性的决定：后半生重新安排自己。

随着我对自己的终极生命意图越来越清晰，对自己负责任的意识也越发强烈。这个分离的过程是内心从依赖走向独立的过程，也是主动为“不确定”承担结果的选择。一切，就这样自然而平静地发生了，内在感受也由恐惧慢慢变成好奇与兴奋。于是在盛夏时节，心花绽放了，果实也在成熟中。

做出这个重大选择后，我心里反而更加感恩国企十几年来的包容，感恩暖光激发了我的内在力量，让我能在面对人生重大选择时始终保持觉察，真诚地与自己在一起。

（2）找到生命意图，诚实面对自己

孙瑜：当初你走进暖光课堂时，处在什么样的生活状态下？

轻风：大概是2012年底，我初识暖光。那时候我在职场和感情方面都很迷茫，没动力也没方向，整个人看上去挺“较劲”的。自己很困惑，很想了解这样的状态是怎么发生的，以及如何改善，将来又能做哪些规划。

进入课堂才发现，暖光从不会直接给出答案，而是给予了比答案更持久有效的动力。我很好奇这种教学方式，从此一发不可收拾，连报四个阶段的课程并读完导师学院的课程，当初的诉求也迎刃而解。

孙瑜：在导师学院毕业的同时，你还获得了国家二级心理咨询师资质。有了做暖光教练和心理咨询的双重经历，对你个人内在修为有什么具体意义？

轻风：做教练的经历特别宝贵，不仅仅是为了积累实践经验，更是一种生命与生命碰撞的体验。我记得学员们为蜕变所作出的努力，我明白了每一条生命都值得被尊重、被欣赏。

我考二级心理咨询师，出于对暖光课程具有“神奇”效果的好奇，想进一步学习心理学相关知识。后来证明取证后的“浸泡式”学习才是关键，最终发现暖光的导师们和心理咨询师的助人核心是相同的，都不是为了“改造”人，而是让人明白“人不等于问题，相信他们自己才是解决问题的专家”这个道理。

在这两个学习过程中，我增强了自己的觉察能力，对人性的体验逐渐深刻，特别是自我成长方面得到了快速提升。这些对于我服务生命都起到了非常重要的支持作用。

孙瑜：你认为，一个人既能真正慢下来，走得扎扎实实，又能明确生命意义，一直向前走，需要具备怎样的自我认知，有什么样的生命意图？

轻风：我想最重要的可能是“诚实面对自己”吧。我现在最清晰的是，不将自己的幸福和快乐交给外界评说，而想循着生命意图走一条助人自助之路。遵循这样的内心声音，我会有所取舍，主动获取一些我想要的生活资源。这些资源很滋养我，自然而然就让自己“慢下来”“走扎实”了。我理解，生命意图是要落地的，就像“助人自助之路”要有砖、有水泥、有人工，这些需要付出努力去创造。

（3）生命的珍贵在于体验

孙瑜：多次看到你报名做我的课程助教。在这个过程里，既有机会深度解读导师的课程原理，又可以支持、帮助参加课程的学员。综合起来，你对未来有机会做一位导师有什么更深层次的理解？

轻风：还记得在暖光导师学院，您给“导师”的定义：生命体验的分享者和践行者。当时觉得这定义太不“高大上”了。现在，通过多次做助教，近距离观察资深导师们，我发现真正“导入”人心起到助人效果的是某种“综合元素”。这个综合元素就是导师这个人。好的导师，能做到知行合一，引导学员领悟到成长的意义与价值，有力量活出真实的自己，一步步清晰并迈向自己的生命意图。

在暖光实习实践的过程里，我有幸参加了暖光团队的几次培训课程。在印象里，记忆犹新的体验，一次是新奥的后备骨干百日训练营，另一次就是河北滦县医院团队合作培训。最近的一次是去怀柔，培训对象变为心理辅导老师和计生委干部，自己的身份也由体制内转为体制外。即使临时被导师指定主持一个环节，也没有想逃的胆怯，即使发挥不尽如人意，也安然接纳自己不完美的表现。

我觉察到，行为上的变化是因为潜意识中减少了证明自己的部分，减少了获得好评的部分，多了一份尝试、创造的兴奋。

从课程设置看，为了在一天时间内能取得良好效果，显然精选了环节，也调整了引导方向，比如将聆听环节与 NLP 技术结合，通过对内感官的解读，区分不同人群信息接收和沟通效果的差异，又比如将信任练习与感恩教育相结合。

现场看到大家热泪盈眶，我体悟到了“焦点在人”意味着什么。

3. 人生如戏，不是儿戏

被采访人：大学生 晨曦（化名）

背景：两年前的课堂里，突然来了一位男孩特质的女高中生，带着一脸的不屑。她说，她自己可没想来，是被父母逼着来的。

课程结束后，她却主动报读了后面的课程。她说完全没想到，这个课程是个小社会，让她看见那么多！

接下来两个月的由暖光教练带领的课程，正赶上她刚刚进入大学一年级，于是，她选择两个课程并轨学。

导师发现，她很诚实于自己的体验。她甚至在最小的事件——养不养宠物巴西龟的烦恼里，领悟了什么才是负责任的选择。

（1）从父母逼迫上课，到自己坚决继续学习

孙瑜：到底是因为什么，你父母非得让你来上课？

晨曦：就因为我的反叛个性吧……在父母眼里，我不像个女孩子，风格不淑女，形象不打扮，说话不着调。跟父母说不了几句话就吵起来。

两年前刚高考结束，我爸爸的朋友，在北京的庆璞阿姨强烈推荐我来到暖光，所以父母要我一定来。那时我完全不想上课，觉得父母是多此一举，总是想要控制我，强加给我很多东西，只会说教讲道理。后来，父母只好拿可以让我在北京到处玩作为交换条件，我才勉强答应了来上课。

孙瑜：被动上了前面的课程，你自己又主动报读下面的课程？

晨曦：进了课程，我才知道什么叫“人生模拟舱”！在这里面，短短两天，让我明显感觉太多东西，过去我只是“知道”而不是“懂得”。即便可能看到了终点什么样、山顶什么样，却根本不会奔跑、不会爬山。

在人际关系方面，我一方面抗拒着父母和别人，又一方面总是举着评判的

大旗去针对他人，根本不知道还有“感召”这回事，还有“共赢”这回事，更不知道人际关系是需要心与心进行连接的。

重新学习呗！所以，上“三阶”的决定是我自己做的。

（2）一个连家人都接受不了的人，还想面对这个世界

孙瑜：那一次课程后经过深入学习后面课程，你是怎么看待家族里作为孩子与父母的关系的？

晨曦：由于我“三阶”的导师和教练几乎都是我的长辈，所以，教练带领我开始的那段时间，我几乎摆脱不了两代人相处的影子。我常常会把她们投射为父母，自然升起很多抗拒，觉得她们无法理解我。

当我按照课程要求去做、去体验时，逐渐发现“三阶”的很多人生理念确实行得通！尝试得越久，把自己弄得越清楚，对自己的认知、对情绪的接纳、对于共赢的可能性，越来越信任。渐渐地，我与人沟通的态度、方法都发生了本质的改变，尤其是与母亲很多的心与心的交流，以前是从未有过的。

我以前面对父母，有很多抗拒。基本模式是：硬碰硬，争吵冷战，觉得好累好烦。“三阶”课程让我知道，子女通过父母来到这个世界，双方都是带着本能的爱的。只是有一种爱，是以盲目的方式呈现的，包括彼此的抗拒和背离。这种盲目之爱不穿越，家族整体就不可能有好能量。经过一次又一次的努力，我终于探索出用双方都能接受的对话方式，去察觉自己的诉求，去感受父母的诉求，渐渐地，和他们沟通越来越顺利了。

如今，我与父母的沟通情况非常非常好，基本不会有争吵，完全杜绝了冷战和赌气现象，遇到事情能够一起平静沟通解决，能够更用心连接。我不但在每次的交流里感受到了家的温暖和凝聚力，也都看到了无论是父母和孩子，谁都有各自的局限性，我们与其去纠结局限性，还不如去全力开发关系共赢的可能性。一个人连家人都接受不了，还想面对这个世界？

很神奇的是，我一旦接纳了父母、周围同学，好朋友明显多了。大家都愿意把我当成知心人，遇到事愿意和我私下交流，一起想办法。因为我觉得我现在感受他人的能力比以前提高了很多，所以取得了同学的信任。这也许就是在走向成熟的表现吧！

（3）一系列叩问后明白什么是“负责任”

孙瑜：问你一个不怎么好玩儿的问题。有一种看法，觉得现在太年轻的孩子普遍娇气，做事不懂得负责任。你怎样理解“负责任”？

晨曦：我们这代人身上的娇气是有的，我也有。通过课程和我的人生体验，关于选择，关于负责任，我举个现实中的例子来表达我的理解：前段时间，我曾经迷上了一种可爱的小爬宠——角蛙，特别可爱，还很乖很好养。就在我差一点点要下单的瞬间，突然想到一件事：我在今年七月刚把一只宠物巴西龟放生了。

宠物巴西龟的寿命有 25 ~ 30 年之久，非常便宜，10 块钱两只还包邮，淘宝销量最高的店铺每月能卖出两万只幼龟，可谓是相当畅销的小宠物了。可是，谁又能养 25 年呢？我觉得能养 2 年都是非常厉害的人了。我六月初刚买巴西龟的时候，给它准备了特别温馨漂亮的家。可是两周后，开始觉得刷龟缸好麻烦，三周后，它咬了我一口，我开始对它产生厌恶感，一个月后，我借口暑假要出去玩养不了，把它放生了。

这看上去是一件小事，可是在现在的快餐时代，就算谈恋爱超过两个月都很好了。年轻人的普遍心理就是：一开始对自己选择的恋人百般顺从，不久后，觉得没有新鲜感了，觉得对方没有一开始那么好了，甚至是吵架了，就归因于性格不合，没有在一起的必要，于是草草分手。反映在学习上就是，这个专业看上去好喜欢，半个学期后，觉得辛苦，和想象中的不一样，开始抱怨专业没有选好，自己不适合这个科目等。

我仔细反思了一下，上述心理我也有，这些都是不负责任的表现！什么是负责任？就是总能看自己，并能看到底！

所以我还该买角蛙吗？买了后我能不抛弃、不放弃好好陪伴照顾这个小生命吗？我在欣赏它的可爱灵动的同时，我能容忍它的缺点吗？我能做到每天对它的生活负责吗？我又能对自己的人生负责吗？综合考虑，我认为我现在没有养一只小角蛙的资格，我应该通过艰苦的学习生活，先对自己负责，才能选择对另外一个小生命负责！

以上便是我这个 90 后对负责任的理解。人生中总会有很多选择，小的选择，不经思考轻易选择，承担的结果是小的。那么在未来的人生中，总会有自己无法承担后果的痛苦选择等着经历。若是到那时才觉醒，为时晚矣！

（4）人生如戏，可不是“儿戏”哦

孙瑜：你对未来的规划是什么？你对自己一生的终极爱好定位想要什么？怎样才能拿到自己想要的？

晨曦：前提是，我要选择我喜欢做的事。也希望父母、亲友和社会能允许我有这个前提作为职业选择。暖光课程让我年纪轻轻就懂得了终极价值，那剩下的就是我朝着自己的理想努力的过程了。

未来，我可能每天都有价值感，原因是当我把自己想做的事情做到好的时候，我就感觉到成功。这种心态做事，心甘情愿尽全力并且快乐，成功率一般很高。

我喜欢动漫的原因，是由于我小时候容易生病，每次爸妈总是给我买漫画书来安慰我，久而久之就喜欢上了。因为动漫游戏是人为创作的，他们和好的电影、小说一样，都是贴近人性、贴近生活的。从里面也可以学到很多，就像是另一个平行世界一样，所以我们称它为二次元，而现实生活是三次元。二次元是三次元的投射与衍生，甚至是补充。我在三次元体验不到的感情，都可以放在二次元里。曾经有一段时间，我甚至比较沉迷它。

现在，我可以做到很好地平衡二者的关系。过去曾经觉得如果画画是为别人完成任务的话，自己不觉得好，即便别人很认可，我还是觉得不成功。现在明白，在喜欢的事业里，完全以自己的内在标准去评判，不是个性，而是一种“任性”。自己的特长，如果可以在不违背大原则的前提下能服务于别人，让跟我约稿的人获得好的感受，这也是一种职业精神。服务，就是通过让客户满意，让自己的职业能获得持续的可能，这叫“顺势而为”。

体验真好，好就好在能启动真心！人生如戏，可不是儿戏哦。没有敬畏之心和感恩之心，有才华的人也会走偏。以后，我会首先在大方向清晰的前提下，继续去体验。在任何选择前，多问问自己。

我就要毕业独立飞翔啦！我有充分的思想准备：把我的爱好结合社会、家

庭以及市场的需要，考虑综合发展，敢于挑战，面对困难，打造实力，争取干成一番实事。

爸爸、妈妈，和所有爱我的、我爱的人，等我的好消息吧！

4. 真诚，前行的驱动力

被采访人：私企股东 清波（化名）

背景：2011 年，她与哥哥一起成为“醒觉人生”系列公开课的第一批学员。她带着真诚的态度面对自己当时在生活中所遇到的问题，在课程体验中寻找答案。

课程结束后，在没有任何人要求或请求的情况下，她主动感召了很多身边的亲朋好友陆续进入课堂。有人问她，你从哪里弄来那么多朋友？机构又没有什么好处返还给你，你为什么有那么大的动力去感召别人走进课堂？

她听了后总是笑笑，很平静地回答：“每个人都会有一段自己该经历的功课，我比他们更早地经历了而已。让我生命中重要的人也经历这个蜕变过程，是我表达爱的方式。”

（1）我怎么患上了重度抑郁症

孙瑜：2011 年，暖光刚刚开设公开课。那时，你正处于人生的低谷，对吗？

清波：是的。走进暖光“醒觉人生”课堂之前，我已持续五六年患上了各种病，有过敏、常年感冒、内分泌严重失调等，我家里的药放满了两个大收纳盒。我那时长期处于失眠状态，曾经连续半个多月，白天夜里都昏昏沉沉的、半睡半醒的，辨不清梦境还是现实。我常年感觉疲惫不堪，恨不得整天卧床，走几步路都气喘吁吁。

更主要的是，我的精神处于崩溃边缘。生活中遇到的各种不尽如人意的事，令我全面质疑原有的价值认知，对亲人灰心失望，对婚姻只想远离。当时在我的眼里，这个世界可以说是污浊不堪的，我已无法容忍自己继续活在这样的污浊之中。

当时，精神上和身体上的痛苦，让我生无可恋，无数次想要结束自己的生命。如果不是因为女儿，因为作为母亲的责任，我早就一了百了了。我后来下定决心，先把女儿辅导好，万一我下决心走了以后，起码女儿自己还能照顾自己。

就在这样痛苦挣扎的过程中，有一天我决定走进医院去治疗。诊断时间很短，医生果断写下了四个字：重度抑郁。于是，我吃上了抗焦虑的西药，同时长期用中药调理身体。

刚巧，暖光在那段时间开设了社会公开课，我被哥哥半强迫地送进了暖光教室。从那以后，我世界里的阴霾开始一点点被驱散，我开始对自己和家族有了全新的认识。我的世界从此发生了重大变化，我的生命开始展现出它原本该有的光彩！

（2）我和原生家庭第一次度过了和谐快乐的春节

孙瑜：你和哥哥一起读完了三个阶段的课程以后，你的很多亲友在你的推动下都陆续参加了课程。他们都说，在你的身上，有一种很特殊的感召力？

清波：我一口气读完了三个阶段的课程后，生活越来越快乐、多彩，整个人发生了很大的改变。我不再需要治疗抑郁的药，其他各种病的症状也明显改善，身体越来越健康。

因为自己受益如此之大，我就想尽办法让身边所有遇到痛苦的亲人一个一个地走进了“醒觉人生”课堂。事实上，他们的生命状态，在走进教室以后，几乎都如我所期待的那样，发生了巨大变化。还记得，那个春节是我和原生家庭度过的第一个非常和谐、开心的春节。我们在一起探讨生命、探讨人生，谈天说地，连常年习惯吵架的父母都受到了很大的正面影响。

我第一次感受到了心里一直渴望得到的那种全家人团聚时幸福快乐和谐的家庭氛围，那种快乐和满足的画面，至今记忆犹新。

我自己的小家庭也越来越和谐，我推动爱人也走进了课堂。课程结束后，我们给了对方时间重新思考婚姻、家庭和未来，让我们彼此有了全新的认识，互相有了更多的包容和欣赏。我们多年的吵闹逐渐消失了，婚姻也从分裂走向复合，女儿的状态也越来越好。我周边所有的亲人们，也都在他们自己的觉醒中发生着变化。

（3）让爱重归我家

孙瑜：后来你与爱人再次理解家庭幸福的本质后，你们两个人怎样重新创造一个温馨的家？当夫妻关系和谐了，对孩子又有什么影响？

清波：过去我处于迷茫时，多年的家庭矛盾积累，让我对爱人的不满越积越多。在和爱人吵闹无果后，我最终选择了离婚。

回想那几年，最可怜的是女儿。我和爱人吵闹不休，家庭氛围极差，年幼的女儿只能默默承受。我和爱人先后上了暖光的课程后，两人逐渐意识到曾经彼此没有真正理解婚姻的关键，两个人都还没有真正成熟，没有真正准备好面对婚姻。后来，我们分别看到了自己思维模式的局限性，找到了有效的沟通方式，也能更好地换位思考、体谅、理解对方。我们遇到事情可以沟通解决了，不再被情绪捆绑。

最后，我们郑重承诺，重新携手共度余生。这次的回归，是在我们分别获得了巨大的心灵成长以后的二次组合，让我们比过去更加珍惜这段婚姻。

我也学会了用负责任的态度去处理好各种人际关系。我把夫妻关系放在家庭首位，同时处理好了原来让我头疼的婆家的许多事，我们的生活不再受到各种干扰，而我与婆家大家庭的各个成员的关系也更加亲密了。

随着家庭氛围越来越好，女儿也在发生着变化，自信心明显增强。以前，女儿不太与同学来往，上课发言也不积极。遇到展现自我的场合，她总是躲在人群后面。现在，随着自信心的增强，她与同学和老师的互动多了起来，经常和同学约在一起玩。

把她转到一个全英文教学的学校后，我曾经非常担心她因为语言不通而自信受挫。没想到，在第一个学期的家长会交流时，外教老师告诉我，虽然女儿的语言还不能完全跟上，但跟同学们相处非常好。看到我不以为然，他用英文费力地进一步解释："我是说，我们班上女孩儿跟女孩儿玩儿，男孩儿跟男孩儿玩儿，只有她跟所有人都玩得很好！"我听明白了，这可不是一般的嘉许。

后来，女儿的成绩也进步得很快。刚转到国际学校第一学期时，她的成绩大多是C、D等级，第二学期已经大部分是A等级，成绩居然好过大多数从一年级就在英文环境里学习的孩子。

（4）为生命服务，为改善环境尽一份力

孙瑜：你们家族最近做了健康产业？

清波：为了支持我姐姐发起的乐汁公益事业，我不但主动学习了大量的物理、化学、农业、微生物、动植物、医学等专业的各种知识，而且在全国各地奔跑，身体上的付出也是几十年来最多的。但我并不觉得累，相反，无论是身体上还是精神上，我的状态都非常好。这主要是因为我把这件事作为我的人生价值目标去努力。

乐汁公益宣传的是使身体健康的方法，是让无数人轻易摆脱各种慢性病的痛苦。与暖光可以让一个人从精神上改变，从而让整个生命绽放光彩一样，乐汁让一个人从身体上改变，从而活得更加精彩。看着一个个生命摆脱羁绊，恢复到原本该有的健康，我感到非常快乐！

另外，我愿意花大量的精力奔跑于各地，寻找安全食材，除了是为“汁友”能够吃到对身体有益的好东西，还有另外的价值和情怀：我希望为改善生态环境和食品安全环境尽一份力量。我希望支持到良心种植的农人。少用化肥，改用有机肥，让土壤恢复健康；少用农药，改用一些利于生态平衡的方法，防治病虫害；不用除草剂，让杂草腐败后保养土地。这样的种植方式，可以让生态环境慢慢变好，同时能让我们的食品环境更加安全。这样，我们和我们的后代可以生活得更健康。这是有益于大自然的事。所以，它值得我付出努力。

| 第五章 |

人生困惑底层逻辑

一个人长期形成的信念价值观，就是其底层逻辑的核心。

一个人遇到挫折与逆境时，用惯性的信念系统思考问题，就是人生困惑的底层逻辑。

人的底层逻辑是很顽固的，一旦形成，就难以改变。这就是我们看到一些人宁愿失败，也不愿改善底层逻辑的原因。

第一节 跳出自我看人生

我们的生命，就好比一部电影，从开头到终场，有喜怒哀乐、有爱恨情仇，或轰轰烈烈、或浪漫温婉，播放完便结束了。假如，我们要给这部电影总结中心思想，或写个影评，这一定不是电影的主人公所能做到的，因为他身在戏中。而看电影的观众，其视野要宽，焦点要紧紧围绕电影，他才能评论这部电影的价值。

我们在自己人生的这部电影里，是不是仅仅扮演一个角色？如果需要为我们的人生价值定位，必须跳到电影之外，也就是跳到我们的人生脚本之外，才会看见全貌。因此，我们的生命价值取决于我们的认知系统与什么是同频共振的，取决于我们的认知边界有多大。

我们过日子好比开车，要能够做到一个“我”在开车，另一个“我”从车上下来，才能看到自己在开车，看到开车的状态。在这里，车对于每一个人来说，就相当于自己的思想和身体，我们驾驶着它们，去经历我们的生活。车行走的轨迹和我们人生的脚本，就是我们自己的人生逻辑。我们只有知道自己在驾驭自己，才是修行的第一步。

所以，现实世界之中的所谓修行，意味着两个方向的整理：一个方向是从“车”上下来，看到自己这台车当下发生了什么，这意味着跳出自己看自己；另一个方向是跳到人生脚本之外，不断寻找更广阔的空间，不断探索和发现新的可能性，让生命与之共振，谓之扩展。一方面，从潜意识到显意识状态，相当于跳出自己看自己；另一方面，我们可以用新的观点、角度去看待眼前的事物。没有任何一件事情，只有单个意义。

不跳出自己，就很难看出事情的全貌。比如，对一个事件的讨论，网络群体很容易从各自的角度说话。资深篮球评论家苏群，针对一些网络互怼现象，发表如下评说：如果不跳出来，去俯视这种语言的战争，你永远分不清胜负。

怎样才能跳出来呢？我用月亮打个比方。

我们站在地球上看月亮，永远只能看到它的一面。然而我们一旦跳出地球，升到太空，就可以看到月亮的另一面。月亮绕着地球转，地球绕着太阳转，太阳跟着银河系的悬臂转，银河系像其他成千上万的恒星系一样，向远方拼命运转。

我们观察的角度每升格一次，就会获得更广阔的视角，提升一层思维高度，尽管这还只是在三维之中。如果再升高一个维度、两个维度，会怎样呢？

高维和低维的区别，我可以用蚂蚁打个比方。

给你一张 A4 纸，划一条直线，让一只小蚂蚁沿着直线走。对蚂蚁来说，这张纸就是它的全部世界，这是一个二维空间。这时候，你把 A4 纸弯曲——对你来说，处于三维空间，你能感受到弯曲；但对小蚂蚁来说，并不存在弯曲，它面前还是那条笔直的道路，要坚持不懈地走下去。如果你把 A4 纸卷起来，卷成一个圆筒，让那条直线首尾相接，蚂蚁还是不会感受到它的二维空间已经被弯曲。然而，一直这样走下去，它又回到了起点，只是小蚂蚁并不知道，它以为自己依然在奔向远方。

人要跳出自己看问题，提升看问题的维度。

第二节　局限性底层逻辑

一个人的底层逻辑有多强大，他的能力就有多强，成就就有多大。价值观是一个人底层逻辑的核心。底层逻辑很顽固，一旦形成就难以改变。所以，一些人宁愿失败，也不愿改善底层逻辑。我们来梳理一些常见的局限性底层逻辑。

逻辑 1：我必须证明，我是对的！

我在某个城市做工作坊个案时，碰到了一个创业者。当时他已超过 40 岁，正在做房地产中介。他的困扰是：公司发展很不好，事业合作伙伴也合作得不愉快，怎么才能够好聚好散？

他公司最高层的合作伙伴，几乎就是他的“聊伴儿”。两人每天在办公室聊哲学、佛法、传统文化，经常从中午聊到半夜，但就是不聊公司的发展战略，不聊行业政策，不聊市场需求。

结果显示，这个合作伙伴确实不是他理想的生意合作伙伴，而仅是过去曾经相互帮助过的朋友。两人共同的爱好都是文化研究，但性格上又都不服输，都希望自己的学问能让对方臣服。于是，员工们就经常看到他俩在办公室里争得面红耳赤，甚至拍案而起。他无数次想炒掉这位朋友，都是因为两人研究哲学问题时的看法不一。

他的底层逻辑是，要想在员工中树立威信，就要先搞定最难搞的人。于是，他花了很大力气在这个最难搞的人身上，不惜用哲学和佛学与其 PK，以致公司要垮了也要搞到底。

大家觉得他很傻吧？他自己可不这么认为。在这个世界上，有不少人会有这种底层逻辑，那就是“证明我对，比什么都重要”。不少人一辈子都受限于“证明自己对”的思维，很难接受“验证自己是错的”的思维，所以难有大作为。

“证明自己对”的底层逻辑，用现在的有限性束缚了未来发展的无限性。“证明自己对”的人，往往把自己头脑中存在的局限性思维当成正确选择，并固执己见，考虑问题只能从他现有的有限的条件与有限的思想水平出发。同时，这样的人喜欢跟他人比较，会不断从内心发出嫉妒、鄙视，陷入紧张与焦虑的恶性循环，从而偏离自己人生的发展方向。

在上面这个案例中，这位老板的焦点没有集中在企业的发展上，做领导太自我。一个企业负责人的权威，不是建立在你有多少文化知识，不是你有多么强的哲学思辨能力，而是你能让企业良性发展，让员工能拿到合理的收入并且能力不断得到提升。

这样的老板如果不突破这个底层信念，眼界就会非常狭窄，要么只看到战术层面的目标，适应不了战略的需要，要么只看到赚钱的战略目标，无视社会需求与人生价值的需要。

相反，不怕验证自己对错的人，能够建立一个完整的、层次健全的思考体系，知道自己要什么，并且知道自己怎么要。

逻辑 2：孩子，就是我的面子。

在我的课程里，有一位母亲说她的孩子即将高考，突然在高三这关键的一年辍学了。她的孩子很焦虑，母亲就请了假，带着孩子到处看心理医生，在全国各地挂了很多精神科，花了很多钱。孩子吃了快三个月的药也总不见效，全家人心里都非常恐惧。

在我的工作坊里，我与这个孩子的眼睛一对视，就有了判断。我的焦点没有放在孩子身上，而是放在父母身上。孩子的父母参加了系列成长课程，他们逐渐发现，从表面上看，问题是发生在孩子身上，但根源很可能是他们自己没能很好地陪伴孩子，只是一味地希望孩子考个好大学，甚至对孩子上哪所大学，学什么专业也做出具体要求。孩子承受着各种压力，却不愿意跟父母说实话。

这也是一种典型的父母底层逻辑类型，就是：孩子只有考上我认为好的大学，才配做我的孩子，否则就是不正常的孩子。孩子是有这个能力的，尽快治好病，尽快考大学。实际上，父母的面子和焦虑，会让他们忽视每个孩子都有的优势。个人的内在特质，必定有高有低、有强有弱，不可能都强或者都弱。

生物学有个概念叫“分化”，大意是指细胞分裂之后，各自会发育成不同的组织器官。分化之前的细胞，往往会比分化之后的细胞具有更多的可能性；而分化后的细胞，则会在某些特定功能上更强大，但代价就是放弃了其他可能的功能。比如，一些视力不太好的人，他们的听觉都很敏锐；而一些腿脚不方便的人，臂力比一般人要大。

对我们每个人而言，发展的过程也是一个不断分化的过程。在这一过程中，有些特质将被保留并强化为我们的优势，而有些特质则会被弱化或被舍弃。比如，有的人脑子很聪明，但做起事来却不太利索；而有的人在人际关系方面非常积极主动，却很难静下心来填写一个表格。

我们过去所接受的教育，是要“德智体美劳”全面发展。长期的标准化教育和单一化评估，对个人经历和社会资源都产生了重大影响。原本可以更具多样化的个体，被限制在少数的几个领域，然后用单一的分数来评估。今天，我们已经发现标准化教育培养出来的人才，与企业实际需求的人才存在很大的差距，企业想要招到合适的员工越来越难，而面试者又很难应聘到自己喜欢的工作。

在这个案例中，父母在课程中清理了这些局限性的底层逻辑后，内心明显松动了，把对孩子的要求变成了真正的陪伴。奇迹出现了，当父母真正放下之后，孩子突然又决定重返学校，当时距离高考还剩下最后两个多月。孩子父母在这两个月只陪伴孩子，不打听任何模拟考试成绩，更不对孩子的高考志愿作任何要求。最后，孩子顺利考上了大学，并读了自己心仪的专业。

追根溯源，每个人的发展过程都具有分化的特点，这就决定了孩子们不可能样样都行。个性的发展和形成，是个人先天遗传和后天环境共同塑造的结果。比如从小就生活在热闹环境中的人，每天都有机会和不同的人交往，大部分时间都用于处理人际方面的事情，因此在人际交往方面比较容易培养出优势；而从小就生活在安静氛围下的人，极少需要处理复杂的人际关系，因此更有可能发展出其他方面的优势。

另外，人们总是倾向于去做自己喜欢做的、擅长做的事情，而避免去做那些自己不喜欢、不擅长做的事情。在这个过程中，我们的强势特点会被进一步强化，弱势特点会被进一步弱化。这很像自然进化论中的“用进废退”，人的个性、能力发展，也是多用则强，少用则弱。因此，如果一个人在某方面有有优势，就一定有为了这种优势而牺牲掉的弱势。所谓父母要懂得“顺着孩子的纹理雕刻”，指的就是这个道理。

当然，企业选人就不同了，之所以设立人力资源部，就是为了挑选适合自己企业发展需要的人才。

逻辑 3：男人的本性就是不忠诚的，所以男人是不可信的。

一位来我工作坊做个案的女性，由于过去在爱情里受过伤，对感情变得很谨慎，后来始终都没能走进婚姻。在个案处理中，她谈到了她的父亲当年如何背叛她的母亲。我通过在现场与她的教练对话，揭示出这位女案主内心世界里设计的底层逻辑。她坚定地认为：“男人都是不值得信任的，无论怎样，男人最终都会伤害和抛弃我。”

她认为容易亲近的男人都不太靠谱，都是劈腿上瘾、习惯撒谎的花花公子类型。即便是那种非常值得信任的好男人，结果是她不停地在与男人的互动中，验证自己的逻辑。她会时刻盯着这个男人的一言一行，每天会查看男人的通信记录和聊天记录，以确保自己能识破他的骗局。她还会特别在意男友跟异性的互动、交往，看他到底有没有背叛自己。当男人撒了一个很小的谎，她马上抓住不放，然后扩大化，以验证自己的想法：“看，我就说男人不值得信任吧！”

她反复强化这个信念，不停地证明自己构建的世界就是那样。然后，她完全看不到这个男人身上值得信任的地方，只盯着他那些未及时给她回复的电话，那些撒过的谎、那未遵守的约定，等等。她总在信任问题上与男人发生冲突。时间一长，这个男人累了，也厌倦了。在她的反复折腾之下，男人移情别恋，成了一个不值得信任的人，伤害和抛弃了她。于是，她再一次认定：男人都不是好东西，男人都是不值得信任的，男人最终会伤害和抛弃她。

这是一个底层逻辑自我验证的过程。

许多人，都在经历和重复以上的婚姻悲剧。其实，这些都是“自我实现的预言”，一个人深信什么，就会将自己活成什么样子，通过自己的信念，创造了属于自己的现实。这就是人把自己的注意力变成事实的过程。

虽然外在世界很大，但我们的内心世界又是如此狭小。我们每个人都深信自己的逻辑，也受限于自己的逻辑；我们爱着自己设定的逻辑，也需要活在自己的这个逻辑中。

假如，女案主哪天遇到了一个值得信任的男人，那就说明她的逻辑是错误的，她的世界就会有颠覆的危险，她的内心会有失控的感觉。于是，为了证明自己的正确性，也为了避免这种失控感，她要么远离那些好男人，要么会把遇到的好男人当成坏男人。

母亲被父亲抛弃的阴影只要还停留在她的潜意识里，她就会在现实世界里，抱着潜意识里对母亲的忠诚，一次次以自己为试验体，为母亲的遭遇寻找证据，并一次次验证。每一次验证，都会加深这种底层逻辑的坚定性。

这个话题再向下延伸，就是讨论两性关系话题里更加触动人心的一个问题。

逻辑 4：走入婚姻，就应该幸福。

人们总是穷尽一生，追寻着幸福。我们几乎都思考过这样的问题，即如何才能让自己更加幸福。于是，我们去工作、挣钱、恋爱、结婚，买心仪的衣服，炫耀自己的富足，吃美味的食品，愉悦自己的心情，最后却发现忙活了很久，却没有找到所谓的幸福。相反，烦恼不断地跟随在身边。

很多时候，我们陷入一种逻辑混乱的境地。婚前，对于幸福的概念，可能会用嫁一个有物质基础的男人去定义，或者用对方的身材、颜值去定义，或者用对方婚前与自己的恋爱去定义。幸福，没有一个固定的含义。就像算命一样，总以为自己能抽到一个上上签，会保佑我们一生幸福，其实那不过是一厢情愿罢了。这种情况，是人们把在特定时刻所觉察到的一种舒服的感觉，错当成幸福。

实际上，一个残酷的事实是，婚姻并不一定会带给人们幸福，它只是一对新人打磨关系的打磨器，双方愿意经受长期的打磨，并在其中不断接纳对方和修正自己，这样才有可能进入幸福的彼岸。所以，幸福在打磨长河的那一端。

人的知觉、思维、情感和愿望，所有让我们集中注意力的心理活动，都是通过打磨获取幸福的前提条件。幸福和痛苦，都是一种感觉。当我们意识到有这样的感觉存在，我们就知道工作、挣钱、恋爱、结婚，都是我们的一种选择。如果我们不懂得选择，就有可能忙活了大半辈子，还找不到所谓的幸福。

其实，人们最可悲的不是年华老去，而是在平淡生活中迷失自我。尤其是婚后的两人，如果内在始终没有成熟，就会期待对方给自己幸福。电影《非诚勿扰 2》中，有一句很经典的话：婚姻怎么选都是错的，长久的婚姻就是将错就错。人们不懂得婚姻是自己人生的一项重要选择，忘记了自己走进婚姻殿堂的初衷，就会困惑。

假设一个女人在婚姻家庭中不断牺牲自己去辛苦付出，就会累积越来越高的道德资本。这种无休止的付出就像一座堤坝，拦截了家庭里亲情的流动。久而久之，幸福的感觉就淡了，婚姻关系越趋于名存实亡。

很多女性喜欢掌权，把控家里的财政大权，在家里颐指气使，觉得自己总是在付出和牺牲，就应该获得尊重。殊不知，在婚姻家庭中，谁掌握的权力越大，谁付出的精力就越多。总是为家里付出的那一方，在琐碎的家庭生活里无论花费多少时间、精力，如果看不到另一方的付出，只觉得自己为家庭牺牲太多、付出太多，就会产生怨气。当潜意识被这样的魔咒所控制，不满的情绪早晚会爆发，婚姻就会因此出现裂痕。

我们可以选择是活在为别人付出的牢笼里，还是为自己而活。当我们能够从潜意识的魔咒中醒来，为自己创造内心真正想要的生命体验时，自然能够建立起亲密和谐的关系。更重要的是，我们不会在潜意识的魔咒里常常恐惧分离。

家庭成员之间，其实本不存在抛弃与被抛弃，只有在不在彼此的包容限度内。只要在婚姻家庭里摆正自己的位置，充分地利用自己的优势，在接收与给予的循环中保持界限和平衡，就能找到婚姻生活的幸福密钥。

婚姻中，无论男女双方的经济收入水平是否差异悬殊，都无须去刻意讨好对方，也没有必要去控制家庭里的一切事物。只要懂得彼此尊重、彼此包容，充分沟通，就能在碰撞中找到自己与对方的共同需求，获得舒适的人生体验。

第三节　人生底层逻辑的来源

弗洛伊德将人格分成本我、自我、超我三个层次。本我是原始的、自然的、隐性的、潜意识的“我”的表现，是以快乐为目的的；自我是努力的、享受的、显性的、显意识的“我”的表现，是以现实为目的的；超我是本我的超越、自我的实现，是潜意识与显意识共同发挥的“我”，是以道德为目的的。

本我的潜能是巨大的，它的思维、行动不受约束，遵循享乐原则；自我遵循现实原则，可能经过认真的思考、谨慎的行动，以合理的方式来满足本我的要求；超我的意义在于抑制本我的不被社会接受的冲动，是人生的最高境界。

每个人都是本我、自我、超我的综合体，三者不可或缺，失去了本我就没有了原动力，失去了自我就没有了存在的价值，失去了超我就失去了理想。

本我、自我、超我构成了人的完整人格。人的一切心理活动都可以从他们之间的联系得到合理的解释，自我是永久存在的，而超我和本我又几乎是永久对立的，为了协调本我和超我之间的矛盾，自我需要进行调节。若个人因承受的来自本我、超我和外界的压力过大而产生焦虑时，自我就会帮助启动防御机制，而这些防御机制，就是这些人生底层逻辑的来源。

第四节　成长与成功

1. 正确认识成长与成功

“成长与成功”这个话题，早已被搬上高校辩论会并被列入中学生作文题目，似乎词义已被社会反复揣摩，但一遇到现实的考验，人们依然会区分不清楚究竟哪些属于成长，哪些被定义为成功。

在我的工作坊里，有同学分享说，理论上的这些道理都明白，而现实中，却总是沉湎在一种安逸的状态里，每天上班惯性地完成规定的任务，享受着得过且过的生活，消极地听取别人的建议，按部就班地工作，总是感觉离成功很远，也没觉得自己有什么成长，好像改变不了这样的生活。

也有一些同学建议想要改变这个过程，首先不能让自己安于现状，世界上现存的知识和技能是学不完的。不管在何时何地，我们都应该多学习，去丰富自己的头脑。

我认为，同学们说的都有道理，但是问题的关键并不在这里。

首先，成功也好，成长也好，要清楚比较的对象是谁。真实的人生并不存在一条既定跑道，而是一个个小径分叉多的花园，每个人都需要去找到自己的路，找到自己要去的地方。想明白这一点，你就不会再把自己和其他人放在一个想象的跑道上比较输赢，而是想办法找到自己想去的地方，找到到达那个地方的路径。

一位老板说，在他培养的几位主管中，有一位年轻人请求离职，说：“我还是要去找一份自己喜欢的工作，不喜欢的事情，我做不好。”老板立刻就批准了，并送给他一句话作为临别赠言：“如果你没有能力做好自己不喜欢的事，那么，‘喜欢’就会变成未来你成为弱者的借口。”

喜欢是什么？它代表某一个时间节点的短暂情绪。无论是你喜欢的工作，还是喜欢的人，时间久了后，都会发现里面包含着诸多不喜欢之处。喜欢本身无法成为信念，只会成为我们见异思迁的遮羞布。幼稚的人谈喜欢，成熟的人谈责任。做一件事，要有所成，一定是 10% 的喜欢加上 90% 的责任。成长，是在喜欢与厌倦之间进行螺旋式上升。上升的成就感，支撑我们一次次对抗厌倦，最终到达柳暗花明的境界。过度强调喜欢的人，在第一次厌倦到来的时候，就会换一个坑位。于是，跳来跳去，筋疲力尽，却永远只能在山底看风景。

在本能的喜欢与有效的成就感之间，一定有一段上坡路。支撑你完成这段上坡路的不是喜欢，而是信念。小到保持身材，大到养家糊口，我们做好任何一件事，都不能仅仅凭兴趣，而是靠专业、信念与坚持，这就是成长。

在现实中，潜在的成长机会很多。我们要懂得为成长做好准备，要具备一双发现成长机会的眼睛，更要转变自己的思维方式，愿意随时为自己的目标付出努力。通常，我们可以把焦点放在未来，并立足当下，让自己能够时时看见目标。知道目标背后就是自己的生命意图的人，是具备成长发展战略思维的人。只在意外界评价，总是在压力下才被动地执行、改变的人，是在成长战略规划上懒惰的人。这种类型的人，即便是比别人付出更多的时间、读更多的书，也可能收效甚微。或者，把内在的某种“小我”误以为是生命意图的人，也可能会被自己的“贪嗔痴慢疑”带上歧途。

2. 成长环境与后天教育

《伤仲永》是我国北宋文学家王安石创作的一篇散文。这篇文章讲述的是江西金溪的神童方仲永，因幼时被父亲当作挣钱工具而沦落为一个普通人的故事。

仲永长到五岁时，不曾认识书写工具。忽然有一天，仲永哭闹着索要纸和笔。他的父亲对此感到诧异，就向邻居借来这些东西给他。仲永立刻写下了四句诗，并题上自己的名字。这首诗的主要内容是提倡要赡养父母，并要和同宗族的人团结。大家很惊讶这个小孩子的能力和智慧，于是这首诗和书法被全乡的秀才传阅和观赏。从此，不断有人指定让方仲永作诗，他立刻就能完成，并且诗的文采和道理都有值得人欣赏的地方。同县的人对此都感到非常惊奇，渐渐地都以宾客之礼对待这个孩子的父亲，有的人还花钱求取仲永的诗。方仲永的父亲认为有利可图，就每天用大量时间，带领仲永四处拜访同县的人。

明道年间，王安石跟随父亲回到家乡，在舅舅家见到方仲永，这孩子已经十二三岁了。王安石当场让他作诗，却发现这孩子的作诗水平已经远不能与从前的名声相称。又过了七年，王安石从扬州回来，再次到舅舅家去，问起方仲永的情况，舅舅回答说："他的才能早就消失了，和普通人没有什么区别了。"王安石说，方仲永的通达聪慧，是先天得到的。他的天赋，比一般有才能的人要优秀得多，但最终又回落为一个普通的人，因为他后天所受的教育还没有达到要求。方仲永的天资这么好，却由于没有受到正常的后天教育而沦落为普通人。那么，本来天生就不聪明的普通人，再不接受后天的教育，不就更普通了吗？

这是一个令人痛惜的故事，告诉我们后天学习对成才的重要性。玉不琢，不成器；人不学，不知义。即使一个人先天的条件再好，没有良好的成长环境和条件，后天不学、不勤、不练，也会成为一事无成的凡夫俗子。

3. 成功的前提是学会成长

成长与成功是社会的永恒话题。成功常常伴随着成长而来，但成功并不等于成长。成长有助于成功，成功的前提是学会成长。懂得什么是选择，并且对自己的选择负责，就意味着选择了"绝对成长"，意味着理解了阶段性的成长其实就是"相对成功"。长期以来，由于受功利主义思想的影响，许多人对成长和成功的理解有些偏差。

成长如一粒种子，从生根、发芽、破土而出，到抽叶、拔节、开花、结果，是生命个体在外形、内在等各方面的不断变化、提高、成熟与完善的过程。它受外在条件的影响和制约，但更主要靠内在的潜质与力量，成长的每一步几乎都是一种蜕变。对清楚自己生命意图的人而言，成长的实质就是认识自己、发现自己、提升自己、实现自己的内化过程，也是让自己的心灵拥有一个空间，并向某一目标努力伸展、靠近的生长过程。成长有两个标志：一是专业能力的不断提高，二是自信心的不断增强。

“随风潜入夜，润物细无声。”成长与否可以用心来感知，是通过良好的修养、高尚的道德、高雅的气质、深刻的智慧等显现出来的，但很难用数量、大小等外在的标准来衡量。

而今天人们对成功的认识，一般来说，总与地位的高低、官职的大小、金钱的多少有关，是可以用数量的变化进行评价和衡量的。不可辩驳的事实是官大、钱多，有可能是我们努力奋斗的一种成果。这种成果也都是组织、他人等外界给予的一种回报。从结果来看，即便终于获得了这种成功，人的内在实质却有可能因为这些外在的给予，继续发生正向或者负向的蜕变。

所谓正向蜕变，就是把这些回报当成激励，进一步提升和发展自己。如果是负向蜕变，这些“成功”会冲昏人的头脑，让人故步自封。这样下去，一种可能是将焦点转移到虚荣和面子上，一旦拥有权力，与贪欲同频，就是我们看到的蜕化变质现象；另一种可能是人的荣誉多了，变成了负累，人就变得害怕失去，慢慢地，不仅不会很好地胜任工作，反而有可能让自我发展陷入泥潭，活得更累。

经过自己努力而换来的成功，确实是值得庆贺的。同时也要明白，阶段性成果是短暂的，在人生当中可能只是昙花一现，而成长却伴随人的一生，是一个持续的过程。

如果成功的定义是基于外在和别人的评价，那么别人可以给你，也可以拿走；今天可以拥有，明天很可能就会失去；你抓得越紧，丢得就越快。而成长，却是内在的潜滋暗长，即使别人想剥夺也无能为力。只要我们清楚自己的生命意图，明白自己要什么，对世界保持着一颗好奇的心，即使经过努力暂时失败了，也能获得成长。当我们专心追求“绝对成长”时，成功却往往会不期而至。

只有觉醒了，成长才真正开始。一个人如果把自己锁定在“钱”或者“权”的这个狭窄通道里，无疑是把自己的发展逼进了死胡同。只要我们真的走在实现自己的生命意图的路上，不仅不会孤独，反而会收获意想不到的幸福。

成长的最佳目标就是可以尊重自己的内心需求，接纳自己特质的“完整性”，而不是“完美性”，懂得为自己的选择负责。成长离不开外在的推动，但关键是靠自身的努力，方向的确定与行动的有效性缺一不可。

在一个典型的因自觉成长而带来成功的案例中，主人公是顺丰的一个快递小哥。在疫情期间，一位叫汪勇的武汉快递小哥，自愿加班加点地接送武汉金银潭医院的医护人员上下班，为他们筹集物资和餐食，提供尽可能多的生活便利和帮助。他在这个付出的过程中意识到：一个人就算再拼命，力量也终究有限。于是，他开始从快递员变成“组局人”，招募更多的志愿者一起接送医护人员。汪勇和他的伙伴们，为此把三轮车都骑坏了，却乐此不疲。这种壮举让很多人非常感动，让人看到了年轻一代在非常时期无私无畏、担当奉献的精神。

为了表彰汪勇在疫情当中的表现，政府授予他奖励，顺丰公司也给予他提拔，连升三级。不管得到的荣誉有多么丰厚，汪勇却踏踏实实地坚守在自己的岗位上，继续为疫情防控的一线医护人员提供帮助。

为什么在一个快递小哥身上可以看到“平凡中见伟大”？这就是这位快递小哥的“成长型思维”。决定你成长的第一步不是你的努力，而是你找到了方向而努力。这位普通快递小哥的成长历程充分证明：只有那些善于主动发展自己的人，才能实现自我的生命价值。强烈的自我发展意识会使得机遇只偏爱有准备的人。他们始终处于“自觉行动”之中，坚持着自己内在的善良，保持着对人的关注和对事业的热爱，坚守在平凡的岗位上不拘一格地做自己能做的事情，并做出成绩。

《孔子家语·在厄》有言：芝兰生于深林，不以无人而不芳；君子修道立德，不为穷困而改节。一个人可以一辈子不成功，但绝对不可以不成长。任何一个人成长的最佳标志不是符合什么标准要求，而是把自己能做的事情做到最好。

4. 成长，已成为当今世界的思维方式

《终身成长——重新定义成功的思维模式》这本书，是斯坦福大学心理学教授卡罗尔·德韦克集十年研究成果所著。比尔·盖茨曾为此书写推荐语：“我爱这本书的一个原因是，它不仅提供了理论，还阐明了方法。德韦克帮助固定型

思维模式者转变为成长型思维模式者的方法表明，仅仅对成长型思维模式进行一番深入了解，你就能让自己的思想和生活彻底改变。”

这本书采用了学生面对学习时的真实案例，还列举了大量的名人故事与生活故事、成功故事与失败故事、企业家故事与体育明星故事，为我们阐明两种不同的思维模式——固定型思维模式和成长型思维模式以及对我们生活的影响。

所谓固定型思维模式，是指在我们的潜意识里认为天赋、智商和能力是基本固定的、不可控的。受这种思维模式的影响，他们非常要面子，在面对困难和挑战时会更多地选择逃避；遇到失败的时候，他们总会找借口，听不进他人的批评和建议，甚至会认为只要不被别人认可，努力就没有什么意义；在别人面前，他们更在意要向别人证明自己的优秀；当面对别人的成功时，他们内心会不平稳甚至会嫉妒。

一些父母对孩子的能力予以夸奖，可能会将孩子往固定型思维模式上引导，甚至有可能毁了孩子的一生。相反，具有成长型思维的人相信能力和智商是可以在后天提高的，只要方向明确，坚持不懈地努力培养就会获得。所以具有成长型思维的人喜欢接受、应对挑战和积极思考解决问题的办法，他们更关注自己学到了什么，努力了多少，有没有进步，有没有应对困难和挑战的勇气；他们信奉努力的价值，渴望通过对失败的总结或有效吸收别人的反馈，校验个人发展的方向，最终往往能实现非凡的成就。

2018 年，根据我所在的中国老教授协会职业教育委员会企业教练导师学院的要求，我结合原来暖光的体验式课程重新研发，整理成三个模块的成长型思维体验式系列课程，并注册成版权课程。

这个课程把课堂设计成“人生模拟舱”，让学员们通过真实地分享自己的生命困惑，透过他人对生活形态的真实表达，看见成长的价值。这门课程通过导师们在各个平台上的授课实践，得到了学员们的良好反馈。

成长型思维能让人感受到在精神层面的被滋养；无论外界赞美还是诋毁，让人都能开始冷静、平和地看待问题，把生命中的每一个里程都当成通向成功的历练。

每一个人的信念里都会有固定型思维的部分，所以才需要我们刻意培养成长型思维。我们越了解触发固定型思维的原因，越能在出现固定型思维模式时保持警惕。我们学会用成长型思维模式去察觉固定型思维背后真正的意图，固定型思维就可以变为我们的资源，帮助和支持我们接受挑战，让我们不轻言放弃。

第五节 相关案例

1. 80后媳妇儿的“相夫教子经”

被采访人：宝妈 娜娜（化名）

背景：她是一个很能干的80后职场女性，销售、客服等不少岗位都做得风生水起。

为了孩子她辞去了工作，想专心做好妻子和母亲的角色。生活，却在这里发生了转弯，不少事情让她感到困惑和烦恼。坐月子期间她跟婆婆和亲戚闹翻，与丈夫的关系也降到冰点。她想破脑袋都想不明白，自己向来做事尽心尽力，出现这种局面究竟做错了什么？

在朋友的介绍下，她走进暖光课堂。

在第一堂课上，当她在体验环节触碰到自己的伤口时，她感到了痛，停下来不想向前走了。导师团彼此配合着，在课堂内和课堂外运用了多种讲授手法，推动她学完了课程。

如今，她已经成为暖光导师学院的在读学员。正是她态度认真，养成了用心领悟的好习惯，所以她的生活再次发生了变化。

（1）我曾卡在那里，千头万绪

孙瑜：还记得两年前，你刚进入教室时，浑身充满了负能量！

娜娜：那时的我，被生活中屡屡发生的不尽如人意的事情压着，不堪重负。我甚至预感，在我的生活里随时会有一件不好的大事发生，成为压垮我的最后一根稻草。

当时在课堂里的我，基本看不见自己的问题，却看到了很多周围的问题，比如婆婆的、父母的、亲戚的、丈夫的问题。我当时认为不是我不适应这个家族，而是这个家族在排斥我，不是我不适应这个世界，而是这个世界不需要我。

当时在课堂上，有一个关于家族的能量认知测试。我卡在了那里，无法想起家族何时给过我什么好处。我能想起来的，都是那些自己家族和现在丈夫的家族曾施加给我的种种压力和自己的委屈。我泪流满面，万千思绪涌上心头，当时我就被那种强烈的情绪死死卡住了。

（2）我与婆婆含泪拥抱和解

孙瑜：其实，在你学习第三阶段的课程之前，大家就在你做志愿者的过程中看到了你明显的变化。后来看到你很坚决地报读了全部课程，这究竟是基于哪些认知的改变而发生的？

娜娜：对于我来说，第一次学习暖光的课程是个起点，让我心里敞亮了一些。在课堂上，我对“我是我生命的源头”这句话有了很深的感悟。

我自己所经历的所有事件在某种程度上都是由我自己的信念、性格和行为所导致的。我带着原生家庭给我的创伤走到成年，形成了很固执的三观。我把这种固执转化为认知自己、认知家族的动力，要改变就改变彻底，不也是一种很好的转化吗？于是，我执着地报读了全部课程。

课后，我回到家，拉着婆婆的手，叙说了我在课程里的收获，为以往发生的事情真诚地向婆婆道歉。婆媳两人都热泪盈眶，彼此拥抱、和解。丈夫看到了这一切，很受震动，马上表示要支持我学完接下来的所有课程。

（3）系统，让我深深“看见”父亲

孙瑜：在给你做家庭系统整合时，你怎样认知关于“家族事件的真相”？

娜娜：其实，在读初级课程时，我就明白了自己这些年来发生的所有事情，心智模式的形成，很可能和原生家庭有关。但知道归知道，我内心一直不能接纳父亲，也很抗拒对这部分的梳理。直到快进入五伦关系课时，需要搜集家族历史资料，我才不得不去跟父亲见面，和父亲聊一聊。

那天晚上，我见了父亲，跟父亲喝了一点小酒，乘着酒劲就开始了话题。父亲震惊于我的“好奇”，其实他也特别需要一个释放的出口。他讲述了很多让我震惊的事情。此时我才知道，我的父亲在他 18 岁时才见到自己的父亲，也就是我的爷爷，除了没有得到过父爱，他在很小的年纪还经历过多次生离死别的事件。

那一刻，我很心疼父亲，更释怀了过去那些不能理解、不能放下的情绪，从心底里接纳了父亲。

我在导师的工作坊里，也同时看见了更多的家族事件真相。我彻底懂得了做家族系统整合的价值意义，懂得了“看见”即是体验，是从人的潜意识入手，改变信念系统的盲区，给自己的人生创造新的选择机会。

（4）我们的孩子，是宇宙派来的天使

孙瑜：你现在怎样看待你患有轻度白化病的孩子？你放在孩子身上的焦点发生了什么变化？

娜娜：刚刚得知孩子患这种病的时候，我万念俱灰，认为老天爷对我极不公平。通过课程的学习我明白了，与其把焦点放在孩子的病上面，不如把焦点放在自己身上。从家族系统的动力来讲，患病的孩子本身有可能背负了家族的某些隐性动力。只有我先去修复自己的创伤，提升自己的内在能量，孩子才有可能得到修复。

如今，我一边学习暖光的课程、学习心理学的课程，一边备考心理咨询师职业资格考试，还把学到的知识和技能用在与孩子的互动上。我陪孩子去各种艺术课堂，让孩子通过绘画、花艺、唱歌、体能训练等兴趣爱好课，全面体验生活之美。我惊讶地发现，孩子具有很高的艺术天赋和创造力。不到四岁的儿子，“音体美”全面发展。我把他的美术作品拿给暖光的导师和同学们看，他们也很惊喜，纷纷祝福我。现在我明白了什么叫“宇宙给人关上一道门，同时会打开一扇窗”。而看见这扇窗，就是做父母要做的了。

现在，从自己的这些经历出发，纵观世间百态，我发现每个人都有自己的功课要做，每个人都是“唐僧”，都有自己需要“取的经”“历的劫”。我的孩子从一出生就知道父母和他自己要面临的困难，这不得不说是一种“优势”。

(5)连接与界限，让爱更持久

孙瑜：你们夫妻二人对未来的生活有什么具体的规划和打算吗？据说你爱人开了一家风味餐厅？你在帮他打理餐厅吗？

娜娜：开餐厅是我爱人多年来的一个愿望。他的母系家族中有人做过这一行，可能基于传承，他念念不忘，也想做一番尝试，很努力地在他喜欢的餐饮领域做着各方面的准备。作为妻子，我努力在精神上全力支持他，并且在餐厅的策划和管理方面提出了有效的建议。正因为我们夫妻俩在餐厅的创业态度上有一份默契，餐厅很顺利地开业了。

餐饮业毕竟是他喜欢的事业，我能做的就是在一旁全力支持他。两个人能够彼此理解的标志是，除了要有深深的连接外，还要有必要的界限。爱人对我关于事业的想法和选择，也保持一份尊重的态度。我们都能够选择自己热爱的事情并将足够旺盛的精力投入其中，同时做到尊重对方的爱好，不干涉对方的事业，以避免耗费过度的心力而顾此失彼。

我决定进入暖光导师学院学习，最初是由一种直觉指引，并无相关的职业规划，加之当时全职带孩子，也没有精力去考虑更多。当孩子进入幼儿园时，我就有时间准备心理咨询师的考试了。在对课本知识的学习过程中，我融合了在暖光课堂中体验到的内容，结合在暖光做助教时所接受的导师训练，让我对从事心理学事业有了更强烈的愿望。

喜欢做一件事，并且为之无怨无悔地去付出，也许这就是一个人的生命意义吧。

2. 从“怜悯残缺”走向“尊重生命”

被采访人：残疾人特教老师 霞光（化名）

背景：偶然之下，她与暖光结下了不解之缘。那次开始，她更深入地接触了暖光的系列成长课程，更清晰地了解了自己的家族和自己过去的人生剧本。

她发现，她前半生走上服务特殊弱势群体的专职岗位绝非偶然，而后半生，有机会进入人的心灵领域去服务生命是一种必然。

（1）我看见家族与个人动力的谜底

孙瑜：三年前，暖光团队去你的单位做培训。从那时开始，你追随暖光到今天，有一种什么样的内在力量支持你？

霞光：当初暖光导师团来我们单位，给我们做培训时，我正处于生活和职场的“混沌状态”。那时，我抱着凑热闹的态度去听了暖光的培训课。可是两天培训下来，我发现我“动心”了。暖光导师们温和、睿智，学识渊博，充满正能量。这是一种我打心里渴望，却从来没有真正体验过的人生状态。

培训结束后，我在微信中向您倾诉了我前半生经历的酸甜苦辣。不知为什么，我当时会把自己从未向人吐露的痛苦、秘密，全部倾诉给您。我很想在您那里再次证实一下，我是不是像周围人议论的那样，是个没心没肺的傻女人，是个打不死的“小强”。

我的一生充满了坎坷，一直在泥潭里挣扎。我过去认为，一个人总能挣扎着，却没沉沦，还能自寻快乐，这不就是“知足常乐”吗？

经过那两天的培训课程，我突然意识到，一直以来，我的所谓“快乐”只不过是用吃喝玩乐来打发无聊的时间。原来，我是在用遗忘来麻痹内心的痛苦。

在我很小的时候，我的父母就离异了。父爱的缺失，母亲的早逝，后来我自己婚姻的失败，以及在职场上遭遇的种种打击，曾让我觉得，我一定是多余的，我不该来到这个世界上。也许这个世界根本就没有我的位置，所以我才会受那么多的苦和伤。

记得当我把这一切对您倾诉后，您对我说：“遭遇痛苦并不可怕，如果看不见这些现象背后的本质，一切的苦都会白受。”

从那时开始，我一口气学完了四个阶段的课程。暖光的课程让我明白，原来我所经历的苦难，和我的原生家庭有关，更和我自己有关。这一切，都是通过信念系统在起作用！过去我看似表面平静的一个人，其实在我的信念系统里，有“不配得到爱”的声音。那些所谓的看透、淡忘，都只是一剂自我麻醉的药物，让我对痛苦的根源视而不见。

（2）同事最先反馈了我的变化

孙瑜：据说，你学完了系列课程，你的同事最先向你反馈你的巨大变化？

霞光：是的。婚姻失败后，我选择一个人生活。我的任何改变，必然先从职场关系上显现。自从学习了暖光课程后，我对自己有了新的认知，在职场的人际关系也与过去有了很大的不同。

过去，我在与人相处中不懂得什么是界限，将“傲慢”当作“个性”，将“讨好”当作“热心”。每当我在界限不清的人际关系中被诟病、被议论的时候，我都会被愤怒、抱怨等负面情绪包围。比如过去在单位，当我看到我认为不正确的或看不惯的事情，我会口无遮拦地“伸张正义”，去纠正和争辩。

学习了暖光的课程后，我懂得了所有界限不清的背后，都是因为爱的匮乏。越界的本身，实际上都是企图通过控制索取爱。比如，在职场上对领导的抗拒是缘于对父母离异的抗拒。父爱的缺失、母亲的早逝，造成了我内心的匮乏，用傲慢掩饰自卑，用讨好求得认可，成为“刺猬”和“软柿子”。没有界限感，就不会有尊重和被尊重，“是我亲手教会了别人怎样对我”。

之后，我看待人、事、物的态度就有了变化——从争对错到客观、中立看问题；从“不讲理”到自尊、尊重他人；从“给我想给的”到“给人需要的”……我的人际关系逐渐变得和谐、融洽，蹙眉难看的臭脸变成了舒展快乐的笑脸。

（3）我懂得了服务生命的本质

孙瑜：来暖光做志愿者，你几乎是每个周末都往返于两个城市，很辛苦。一两次容易做到，但你一做就是两年多啊！

霞光：我从事成年智障残疾人特殊教育工作二十多年，在此之前曾在SOS儿童村做孤儿的妈妈，一直都是在做为生命服务的工作。但那时候，我觉得自己就是个孤儿，因为怜悯自己的身世，从而怜悯相似命运的人。

从小母亲教育我，做什么事都要认真去做好。因此我很认真地工作，也取得了成绩。当工作得不到认可或者不能达到我的标准时，我会指责、抱怨，会焦虑、自责，会产生职业疲劳。

第四阶段课程学完后，我不间断地回暖光做志愿者和实习教练，不断在课程中支持新学员，同时透过一面面“镜子”，认知自己、疗愈自己，践行课程原理，使得自己的生命意图不断地清晰：从服务生命出发，以拥有健康幸福的生活为目标，实现心灵自由的人生终极价值。生命意图清晰后，无论是在职场上为残疾人服务，还是在暖光做志愿者，我的人际关系都改善了许多。

（4）亲情血缘给了我沟通的机会

孙瑜：在这个过程里，你有了过去从来没有的血缘沟通机会。你做了什么？

霞光：在我离婚后的整整二十年间，我没能见过儿子。二十年来，母子分离的痛苦一直折磨着我，我曾经无数次想象过母子重逢的情景，也曾去探寻儿子的消息，却无功而返。

在暖光课堂上，导师引导我去看婚姻失败背后的原因。即使儿子当时站在我面前，盲目的爱不仅不能疗愈亲子关系断裂给他带来的创伤，还会给他带来新的伤害。我只有先疗愈了自己，懂得了什么是爱，学会了爱自己，才能做好后面的打算。

一个偶然的机会，我的一个朋友得到了我前夫的电话和微信，这个朋友和我的前夫素不相识。当我还在考虑怎样能够用最恰当的办法联系他们父子时，突然接到了儿子发来的微信，那一刻，我喜极而泣——终于有了儿子的音信。

虽然当时我恨不得立刻就能见到儿子，但是我知道，我要做的是在尊重他的前提下，表达我的渴望和感受，用心去体验他的感受，给他充分的时间了解我。所以我会每天在冥想时默默地对他说：“儿子，妈妈爱你。”我会关注他的朋友圈，私信他表达我的关切，生活上给他一些叮嘱和提醒。我相信儿子收到了我的爱，我也感受到了儿子是个懂得关注他人感受、懂事的小暖男。在和儿子联系的同时，我与前夫也会为了儿子进行一些过去从没有过的、平静的沟通。

3. 一名军人的刚强与柔软

被采访人：转业军人创业者 华山（化名）

背景：四年前，他来暖光课堂的时候，是军人身份。由于他是课堂上不多的、主动解决家庭矛盾的男士，所以很受大家关注。四年后，在完成了四个阶段的暖光课程学习后，他报读了暖光导师学院。当时，正值他从部队转业的关键阶段。他一边规划自己的未来职业，一边学习心理学、体验式课程。同时，他和爱人还共同迎接了第二个孩子的到来。

从那之后，他似乎有三头六臂，一边在事业上与战友共同创业，一边精心照顾着一家老小。军人的坚毅品格正体现在这里：无论遇到多么复杂、多么艰难的事情，永远选择面对，永远选择向前。

（1）后方不稳，让我心乱如麻

孙瑜：作为一个军人，能走进教室，用体验的方式来接触心理学，是很难得的。

华山：当时，我的家庭处于一团糟的状态。夫妻之间，已经没有正常的交流，开口即吵。当时的我，把这一切都归于爱人的不讲道理。更由于看到爱人的父母之间吵吵闹闹的相处模式，我很担心会影响我的家庭和后代。

我曾想过结束这段婚姻，但是又放不下孩子。我当时处于激烈的思想斗争中：一方面认为，不能为了孩子就去忍受两人沟通不同频的痛苦；另一方面，又深知单亲家庭会对孩子造成很大的伤害。我苦苦寻求一种方法，能够最大限度减小对孩子的伤害，让孩子健康成长。

那时候，我的一位小学同学邀请我参加一个分享会，说是关于如何教育孩子的。我很感兴趣，立刻就去了。分享会上，我听到了很多我需要的内容。我如获至宝，马上就报名参加了暖光的课程，并学完了所有课程。

现在回过头看，我最初的学习目的是为了孩子的教育。结果呢，破解的却是自己的夫妻关系问题，还有我一切人际关系的信念模式！后来我的生活慢慢改善了，慢慢变好了。所以，我非常感激让我认识暖光的这位同学，感恩暖光。

（2）是我教会了别人怎样对待我

孙瑜：你常常在暖光课堂主动向很多学员分享自己的成长过程。这些分享，除了对他人会产生一定的影响，对你们的家庭有什么意义吗？

华山：学习了暖光的课程，无论是我自己的心态，还是我的家庭状况，都发生了很大的正向变化。所以，我多次将自己的经历分享给别人，希望越来越多的人能够进入暖光，从中受益。通过分享，实际上对我自己的价值更大。每次分享，都是一次自我激励，让我不断觉察自己。

军人通常喜欢“简单”。想法简单，社会关系也简单，我希望生活也可以变得简单。但奇怪的是，以前我的生活不但不简单，反而变得复杂化，甚至像团乱麻。以前，我坚持以为自己都是对的，把矛头指向外界。现在回看，所谓“简单”的思维方式，也许是一种逃避内观自己的借口。心里有话就要用很直接的方式说出来，看似心直口快，骨子里却从来不打算顾及他人的感受，反而以正直自诩。

通过在暖光的学习，得以审视自己的信念系统和行为模式，看到了自己这种沟通方式背后的自私，看到了“你怎么对待别人，别人也会怎么对待你”。无论是在家庭里还是在社会上，正确的序位观念至关重要。

对于自己的家族，我有解不开的结。通过系统整合的学习与体验，才发现是“序位”出了问题。本来是孩子，却试图站在父母的序位上去解决上一辈人的问题。这样的错位给自己带来了痛苦。回归到自己的序位上，我就感觉轻松了很多。

有一句话，“外面没有别人，只有你自己”，让我感触特别深。每一段关系都是一面镜子，从中可以更清晰地看到自己。

（3）生二宝与创业同时来考验我

孙瑜：在你的生活里，二宝和转业后的创业几乎同时到来。你是怎样面对的？

华山：当初也预计到会有很多困难，但实际的困难远远大于想象。

最大的困难是时间和精力的不足。虽然家里请了阿姨，还有爷爷奶奶帮忙，但是晚上还是我们自己带。宝宝经常夜里醒来，一两个小时不睡觉，我又经常加班，所以爱人非常辛苦，会烦躁，向我抱怨、发脾气，甚至让我干脆不要上班了，先在家看娃。时间和精力不够，加之各种小心谨慎，自然我们都会焦虑，脾气也开始反弹。

至于创业，刚从部队出来，等于从零开始。从事的又是软件行业，自己的技术已经相对老化，体力上也无法像年轻人一样持续打拼，唯一的优势在于专业应用的经验。而这是有时效性的，前两年尤其关键。这一来，带娃和工作，似乎成了不可调和的矛盾。

怎么面对这个困难？是理解。站在爱人的角度，我很理解她的感受，四十多岁生二宝，已经是非常巨大的付出了。爱人偶尔发发脾气，也是一种排解情绪的方式。作为丈夫，我尽可能多担待一些、多承担一些。只要我在家，就尽量多管管二宝。晚上二宝醒了，我就抱到客厅，让宝妈能够多休息一下。最困难的时候，我加班到两三点，回家后又哄二宝，一天的睡眠只有两三个小时。好几次在单位开会的时候，我坐在椅子上直接打起了呼噜。别人问我生二宝的好处，我打趣道："能够治疗失眠。"现在回头看看，那段日子虽然辛苦，但是咬咬牙，我们还是挺过来了。单纯体力上的累，还是比较容易克服的，最害怕的是心理上的累。当然在特别累的时候，也会烦，就问自己："这是不是自己的选择？既然是自己的选择，结果也是自己预料到的，那在这个过程中，不管是好的，还是不好的，都要接纳。这就叫对自己的选择负责。"这样想，我的疲劳感就会慢慢消失。

（4）我的笔耕，也是一种心灵探索

孙瑜：你经常会在暖光公众号"暖光暖心"上发表一些文章，文笔很精彩。你写文章的时间是怎么挤出来的？

华山：写文章的时间，一个"挤"字最为准确。但是在最忙的时候，还能够写出文章，我觉得不是光靠挤就能有时间的，更要靠自己内在的意愿和人生积累的体验。

我本来就喜欢动笔写，写文章算是我的一个兴趣。但是之前的动笔更多的只是抒发一下情感，属于怡情。写暖光的原创文章，我还需要感悟、体验更多，这样才能够引发读者思考。写文章的过程其实就是一个自我发现、自我成长的过程。自己的文章经过导师修改，不过是几句话的不同，文章层次却上了一个台阶，读后内心有一种豁然开朗的感觉，我很受启发。正因为深深受益，所以

也更愿意花时间去写，愿意为此去挤时间。而且文章写出来后，得到肯定，能够对人有所启发，又增强了我继续写文章的动力。

我平日如果有了一点感触，会继续深入思考，随时在手机上记录关键的点。然后利用工作休息的间隙，或者用吃饭的时间梳理成文。我的感受是平时多动动笔对自己的成长很有帮助。写的过程就是脑与心同时开启、互动的过程。

很多人会有畏难情绪，其实只要肯动手，就会发现自己的潜能远比预想的大。回看自己以前写的文章，我也会怀疑：这是我自己写的吗？看了之后，自己都会感动。但是如果错过了当时的情景，错过了即时的感受，再要重新写，已经写不出来了。

我很喜欢耐克的一句广告语，“JUST DO IT”（说干就干）。关键就是要动手，写得多了，就会越写越好，而且速度也快了。

|第六章|

全息思维在人际沟通中的独特价值

全息思维，来自自然科学，通常在物理学中可以找到大量的实验和应用依据。而全息沟通，是一种运用全息理论“从局部洞见全局”的原理、以爱与尊重为前提的有效沟通方式。

与他人有效沟通，我们需要动用到心、脑、嘴、耳等器官，用心觉察沟通环境和人的情绪及状态，根据耐心聆听和有效反馈进行高效表达，最终以“第三选择”为桥梁，达到共赢的目的。

水深则流缓，语迟则人贵。我们花了两年时间学会说话，却要花数十年时间学会闭嘴。

第一节　全息技术的运用分析

1. 全息的概念解读

2017 年，基于工作需要，我与著名系统整合专家郑立峰老师见面，一起探讨了关于如何扩大系统整合的工作领域。经过商议，我和他达成共识，建构“全息教练”这门综合课程。经过协会职业教育委员会的批准，确定这种涉及心理学和教练学等多门类知识领域的方法和技术为“全息教练”。

我自然是郑立峰老师这门课程的第一个学生。我本身是体验式课程的导师，又是多年的企业教练，对全息教练这种混合技术特别的好奇和感兴趣。所以，在组织“全息教练证书”课程时，每次我必在现场体验，同时还有机会在课余时间向郑立峰老师求教，获得了非常多的单独指导的机会。

我在学习的同时，也在实践中应用。从 2017 年下半年至今，我分别在北京、济南、太原、广州、成都做了 30 多期“五伦关系全息教练”工作坊，结合我研发并讲授的“成长型思维”体验式课程，处理了五百多个个案。在这个过程中，我见证了很多学员的成长，自己也通过课程总结了大量的经验。

“全息”这个词，乍一听上去，挺不好理解。其实，在我们的生活中，全息无处不在。

首先看看“全息”的定义：“全息”一词，最开始出现于物理学领域，是“全部信息”的简称。信息，是指客观事物的具体表现。1948 年，物理学家盖柏和罗杰斯，发明了一种新的照相技术，运用这种照相技术，不仅能够拍摄到物体的全方位的立体影像，而且底片的任何碎片，都能显示整体原像。简单来说，乙事物包含有甲事物的全部信息，或局部包含有整体全部信息的现象，就叫全息现象。

生物全息现象是普遍存在的现象，我们这里仅仅从一个生物体的局部和整体之间的关系来简单谈谈。树木的一个分枝，就是整棵树的缩影；斑马一节肢体的斑点数和躯干上的斑点数相近……这是我们看得见的局部包含了整体全部信息的全息现象。月季花的一节枝节，经过插枝养护，可以发育成一个新个体；动物的一个受精卵，在适宜的条件下，可以发育成一个新生命。植物的一节枝节和动物的一个受精卵，虽然在外观上不能直接看出是整体的缩影，但是它们包含了整体的全部信息。无论是能直接看见的，还是不能直接看见的，生物体局部包含着整体全部信息的现象，都是一种普遍规律，被称之为生物的全息律。

在生命科学里，全息指一个生物体的整体情况反映在它的每个部分，而它的每一部分的信息也可以反映这个生物体的整体状况。在中国传统文化中，也有全息学，比如周易中的阴阳、五行和八卦，都阐释了局部与整体的相互反映的关系。

用中医学来举例，就更容易理解。我们的身体具有整体性，我们的体内有肝、心、脾、肺和肾等五脏，有胆、小肠、胃、大肠、膀胱和三焦等六腑，有精、气、血、津液等构成人体和维持人体生命活动的基本物质，这当中没有一样东西能够孤立存在，它们只能与其他的脏器相互共存。

人体各部位形成无数的“全息图”，它们被完善而复杂的机体自动控制系统精确地调节，无数“全息图”紧密联网、互相呼应、统一步调，保证了自身各器官系统的全息感知与信息整合，从而维持了机体的正常生长。这一切都说明人体在系统上、个体发育上的相关性、有序性、周密性。中医里的号脉，在不同的位置把脉，分别对应人体不同的脏器健康状况。小小的“寸口”，俨然成为人体五脏六腑的全息窗口。

如果我们了解一点相对论，就会懂得：宇宙是地球的“地球”，地球是人类的“地球”，人类是尘埃的“地球”，尘埃是微尘埃的“地球”。一切事物的本质是相通的、相同的。所谓“于一微尘中，悉见诸世界”“治大国如烹小鲜”都是这个意思。

2. 全息教练工作坊中的教练思维

（1）以成果为导向

教练思维，聚焦于成果。作为全息教练工作坊的导师，对进入教室来做个案的学员，首先要问清楚他为什么而来，准备做什么方面的个案，以及想通过个案达到什么样的效果。这三个问题很关键，是教练对话中的核心内容。无论是生活里的困惑，还是事业上的问题，聚焦于成果往往能让学员事半功倍。

“做这个个案的重要性是什么”“我们要通过个案达成什么样的目标”，这两个问题是对成果的界定，能够让学员不会迷失在繁琐的过程里，明确行动的目的和终点；而另一个提问，“即便过去发生了这一切，现在我们也在个案中看到了真相。从现在开始，怎么做才能够达到你想要的目标”，通常是在个案处理当中的提问，能够让学员产生好奇的心理，推动学员寻找解决办法。

（2）聚焦未来

教练思维，又聚焦于未来。个案中的不确定性是永恒的话题，所有期待实现而未实现的都是不确定的。运用未来思维把个人的创伤与挫折作为资源，去规划个人的生命愿景或者企业的发展愿景。对个人而言，明确愿景，可以对自己生命中的重要事件进行排序；对企业而言，愿景能够连接更多的人，让团队产生共识、凝聚力。

在个案中帮助学员描绘自己未来发展的蓝图，可以让学员在面对变化的世界时，多一个选择，少一份迷茫。

（3）激发学员的创造性

教练思维，是以激发学员创造性的方式帮助学员，而非单纯解决问题。如果把焦点放在解决问题上，就会更多地关注过去，关注问题本身，自己就会逐渐成为问题的一部分。运用教练思维，就是在个案中引导学员运用更有创意、更具有想象力的方式，去探索、发现新的可能性。这有别于单纯解决问题的思维。

教练思维，更注重于全局，不仅能够引导学员站在山顶向下看，去寻找最适合的、最有效的道路，还可以不设限，让每个学员发挥自己的聪明才智。

（4）激励学员成长

教练思维，以激励学员成长为主要目标。成长型思维的反面是固定型思维。拥有固定型思维的人，认为无论怎么努力都不会使过程发生变化，认为自己的一切痛苦都是原生家庭、环境、他人等外在因素造成的。

而成长型思维认为世界时刻在变化，任何人和环境的变化是不可避免的，我们要做的就是适应变化，通过实践不断反思总结，让自己不断成长。因此，具有教练思维的个案导师，将激励学员成长作为目标，引导学员发挥主观能动性，主动自觉地应对生活中的困扰和难题，进而在实践中不断完善自己、不断蜕变。

（5）坚持人本主义原则

教练思维关注人的内在变化，强调人的正面本质和价值，坚持人文主义原则。拥有教练思维的个案导师，更注重人与人之间的连接，创造互相尊重、彼此欣赏的氛围，始终相信爱和勇气能够支持每个学员突破难关。

（6）挖掘正向意义

教练思维，在场域里的态度是：无论发生什么，都能够无条件地聚焦于人事物的正向意义。和争论对错相比，教练思维认为看见事件背后的正向意义是更有价值的。从挖掘正向意义的角度看问题，人们容易有新的启发，能够提升看问题的维度。

3. 全息教练工作坊中的阴阳思维运用

《易经》中有六十四卦象。这些看似复杂的卦象，其实只包含阴和阳两个符号。伏羲八卦图告诉我们，阴阳是构成宇宙万事万物最基本的元素。

无极生太极。太极，就是宇宙中的一切物质共同生存的平台。这个大平台被分为两个平台，一个叫作“阴”，一个叫作“阳”。阴阳一定要互动，有时候阴到阳这边来，有时候阳到阴那边去，阴阳变动不居，才会生生不息。

世界不可能全阳，也不可能全阴，因为“孤阴不生，独阳不长”。世界上只有男人或只有女人，人类是不能繁衍下去的。要生生不息，必定要阴阳互动。世界万事万物的完整性，就来源于阴阳平衡原理。白天是阳，晚上是阴；天是阳，地是阴；春夏是阳，秋冬是阴。阴阳之间的关系就是阴中有阳、阳中有阴。

学员们在工作坊中通过个案处理，认识自然之道与人的心理之道、身体之道的同频共振，就是道法自然。比如，如果一个人脾气很硬，很容易情绪化，并且很难将情绪自我转化，最后一定因情绪的积累、爆发而伤害身体；如果一个人的情绪来得快，去得快，那自身能量就很容易平衡。

工作坊中，我常常看到一些“是非分明”的人。这些人如果在生活中的非原则问题上也强调黑白对错，他们的人际关系就比较容易紧张。相反，也有一些人的人际关系看上去挺好的，跟谁也不冲突，但关键时刻却没什么人记得他们。在一个单位里或社会上，他们也没什么深交的朋友。这样的人的内心世界，对诸多事物都习惯高级合理化，从而渐渐麻木。这两种人，一种偏阳、一种偏阴，都是有失偏颇的。

4. 全息教练工作坊中对《易经》的运用

《易经》是中国传统思想文化中自然哲学与伦理实践的根源，是华夏五千年智慧与文化的结晶，被誉为“群经之首，大道之源”，对中国文化产生了巨大的影响。《易经》在古代是帝王之学，是政治家、军事家、商家的必修之术。《易经》的奥秘在于运用大自然的规律，贯通掌握人类社会的规律。

《易经》有三大智慧：“变易”“简易”“不易”。“变易”是指万事万物时时刻刻都在变化。“简易”指一阴一阳，囊括了万种事物之理，天与地、上与下、前与后，都是相反相成，对立统一。“不易”是指在千变万化的世界里，规律是永远不变的。

在工作坊中，我们常常在个案中发现这样的规律：当一个人处在泰境的时候，可能就要进入否境了；当处于否境的时候，人总有一天会转入泰境。因为万物都是运动的，不是静止的。昨天跟今天是不一样的，今天跟明天也是不一样的，随时都有新的变数。

人也是变化着的，有时候会变善，有时候又会变恶。我们找不到一个纯善的人，因为这样的人难以活下去；我们也找不到一个纯恶的人，因为别人根本容不下他。

5. 五行学说在全息五伦工作坊中的运用

五行学说是中国古代的一种物质观，多用于哲学、中医学和占卜方面。它强调整体，描述事物的运动形式以及转化关系。五行学说包含阴阳演变过程的五种基本动态：水（代表浸润）、火（代表破灭）、金（代表敛聚）、木（代表生长）、土（代表融合）。

中国古代哲学家用五行学说理论来说明世界万物的形成及其相互关系。王经石在《太极图谱解析》中说："'五'是指自然界中的五种物质、五种能量和五种气场，'五'相互作用产生运动，称为'行'。'五'和'行'合起来就是'五行'。五行之间的生克关系，是代表物质、能量、信息的演化形式，它是朴实的世界观与自然科学。

具体事物的五行属性，可以随着时间、环境、条件的改变而改变。比如草木的性质属于木，当燃烧时，就变为火；一个物体位于东方时，其性质定为木，当它转移到南方后，其性质则定为火；一个人的性格处于暴躁时，属于火，当处于柔弱时，则属于水。

运用五行原理，我们可以去分析一个人的身体疾病是否与某种情绪有关，是否与家族的隐性动力有关。

五行有"相生"和"相克"两种关系。"相生"是互相生旺的意思，表示生成化育；"相克"就是互相反驳、互相战斗、制衡。

在个案处理中，导师经常会运用五行排列，分析当事人的信念与身体的关系状态。通过对诸多个案的处理，我们发现身体外部的邪气仅是引发身体不适的条件，而身体内部的堵塞大部分是情绪的积累导致。

如果家庭中每个人的身心是通畅的，彼此的关系通常也是通畅的。做事公正合理，有事勤沟通，必然不会积累太深的矛盾。

6. 现象学在全息教练工作坊中的运用

现象学是一种通过“直接的认识”描述现象的研究方法，是系统整合的基础。现象学有知识的部分、有态度的部分，也有技巧的部分。但不论是知识、态度，还是技巧，它是一种依靠我们的直接体验来描述和认识世界的方法。

根据现象学的直观本质、先验还原和悬搁存疑三种方法，我们在系统整合中对很多现象的感知有三点要求。

第一、搁置判断。把理论、经验、信念先放在一边，对存疑的现象存而不论。

第二、直接体验。面向事物本身，依赖内在直觉或洞见去把握“模式”，即所谓的“本质”，将事物的本质从个体的事物中还原出来。

第三、验证体验，以事实证据验证感觉。

进入工作坊，导师首先要对内觉察自己的身心感受。当事人在陈述自己的诉求和体验式学习时，导师会有自己的一些感受。首先是身体上的，例如，身体某部分会麻木、疼痛、紧张、僵硬等。其次是情绪上的喜怒哀乐。导师对当事人表达出的愤怒、悲伤、恐惧等这些情绪也有共鸣，有共鸣的地方往往是问题的关键，接下来是情感上的觉察。情绪可以没有面向的对象，自然就涌现出来，情感却是有面向的对象的。比如，当事人提到妈妈时，可能会有一种心酸的感觉，代表当事人也许和他妈妈有一些未解的情结。

导师对自己身心的觉察，可以帮助自己发现当事人的问题，并确定系统整合的方向。

另外，在工作坊里，导师还要觉察当事人的身心状态。一是对当事人身体上的觉察，包括身材、长相、神态、语气、肢体动作等；二是觉察当事人的情绪情况，包括情绪类型、和事件的关联、情绪针对的对象，以及辨别在个案当事人的陈述中，哪些可能是故事，哪些可能是事实；三是觉察当事人的内在状态。在陈述问题时，觉察当事人的心理状态处于幼儿期、青春期、成人期中的哪一种。假设在幼儿期，当事人可能会以一个受害者的姿态出现。因为事实背后的复杂真相是孩子无法理解，也不愿意去理解的。我们在系统整合中经常要做的一个工作就是帮助当事人完成从幼儿期、青春期进入成人期的心理过渡，从而帮助当事人以比较全面、客观的态度去看待问题。

最后，在工作坊里，要觉察当事人和导师的关系。很多时候，当事人和导师并不是真正的“工作关系”，而可能是被投射为父母和孩子、老板和雇员的关系。比如，当事人把导师投射成父母，用各种方法试探导师。

一位全息教练工作坊的导师，要具备较为丰富的储备知识，并要具备各种处理问题的能力。

第二节　全息沟通的实用价值

在日常生活中，我们经常使用沟通的方式来处理自己的人际关系，包括自己与自己的关系、自己与他人的关系，以及自己与环境的关系。

我们在前面了解到，全息指从同类事物的局部信息就可以探索全局信息，那么我们可以从任何一种关系的沟通开始，去探索所有关系沟通的有效性。

进行全息沟通，我们首先需要把对方的信息收集全面。在沟通时，我们没听完全部信息就打断对方，就失去了全息沟通的前提条件。

1. 为无效沟通诊脉

通常无效沟通的表现形式为：沟通双方不倾听彼此，总是证明自己是对的，为自己辩解，甚至互相指责、互骂、互打等。心理学把脉诊断结果：焦点在自我感觉上和追究对错上。

在一个案例中，一对夫妻为孩子买了一条小狗。晚上，正好孩子的姥姥为一件事打来电话，女婿就顺便告诉了孩子的姥姥买宠物狗的事。老人非常高兴，马上询问狗的颜色、年龄，以及狗是否可爱。第二天，孩子的奶奶打来电话，小狗在电话旁突然叫了起来。孩子的奶奶在电话里一听到有狗在叫，马上就问狗是否很脏，是否咬人，有没有打预防针……

同样一个事物，不同的人对它的认识和看法有非常大的区别。同样，我们在日常的谈话与沟通中，对别人的一个表情、一句话也会有不同的看法，甚至可能误解对方或被对方误解，但或许别人真正表达的意思并不是你所想的那样。这将大大影响我们沟通的效率与效果。所以，我们在进行沟通的时候，需要体会对方的感受，做到用“心”去沟通。

每个人都在不同程度上传承了家族、父母的沟通模式。沟通失败导致的夫妻关系问题和亲子关系问题，和我们与父母之间的关系有着千丝万缕的联系。如果我们没有意识到这一点，并对其做出改变，那么糟糕的沟通模式就会出现在我们所有的关系里。

《热锅上的家庭》这本书是美国的心理学工作者奥古斯都·纳皮尔和卡尔·惠特克为家庭沟通问题所著的。

有多少家庭在矛盾、争吵中度过，像处在热锅里；又有多少家庭，为避免冲突而维持表面的和平。家庭就像一个小型社会，其规则、结构、语言等自成一个独特的体系，这个系统影响着家庭中的每位成员。在心理治疗中，家庭人际关系出了问题，往往不是某一位成员造成的。反过来，只要有一位成员出了问题，就和家庭系统有着莫大的关系。这也是一种全息现象。

这两位心理工作者发现，问题家庭的大部分成员都生活在压力中。矛盾爆发之前，每个人所承受的压力已超出负荷，这些压力包括突发情境的压力、人际关系中的压力和个人内在的压力等，从而导致对立两极化及争吵白热化。一方先挑衅，另一方立刻回击，前者再发动攻击。双方每一次的攻击和反击，都会增加一些压力。在这往复的过程中，冲突变得更加紧张。

父母之间的感情疏离到一定程度，就会连累孩子，孩子被迫介入到他们的不良关系中。这些在困扰中长大的孩子，会不自觉地重蹈覆辙。

家庭最痛苦的挣扎在于它迫切寻求某位成员作为怪罪对象。怪罪是家人相互宣泄情绪、彼此推卸责任的一种方式。

一个家庭一旦产生严重的问题，所有人都会拉拢自己的同盟者，紧密、艰难地联结起来。这种“全家共生”的意图，使他们既相互依赖，又相互伤害；既证明自己是对的，又害怕失去对方的支持。他们会设计复杂的机制来保全家庭，却因此牺牲了各自的独立性和自主权。

在家庭中，比失去对方更可怕的是沟通模式的一成不变。也许，我们不是生长在一个能够有效沟通的家庭，但是我们可以通过自己的改变，让错误的沟通方式在我们这里终结。我们可以开始学习一种新的语言沟通模式，培养我们下一代有效沟通的能力。

在前面的关系分析里面，我们把亲子关系放入了原生家庭的影响范畴里，没有专门对亲子关系进行分析。这一章节谈全息沟通，我们就以亲子关系为例。

有一位妈妈，在我的课堂里分享了这样一个案例：她孩子刚学会说话的时候，嘴很甜，喜欢叫人。可不知从什么时候开始，孩子就不爱叫人、不爱说话了，见人不是低头不语就是装作没看见。有一次，这位妈妈带着孩子出门，遇到认识的人了，孩子也不打招呼。这位妈妈就有点不高兴，忍不住催她：“乖，快向叔叔阿姨问好！”孩子却没反应。这位妈妈有些难为情，再催孩子，孩子还是不叫。这位妈妈就急了，说：“宝贝，不叫人可不礼貌啊，没有礼貌的孩子是没有人喜欢的。”三番五次之后，孩子还是无动于衷。这位妈妈实在生气，就采用了冷暴力的方式对待孩子。有一次，在孩子不与人打招呼的时候，这位母亲故意生气地快步往前走，把孩子甩在了身后。孩子马上紧张地追上去，妈妈生气地说：“我不喜欢没礼貌的孩子。”孩子立刻很委屈地哭了。

通过学习全息沟通，这位妈妈懂得了一个过去忽略的事实：孩子不叫人，是因为紧张、害羞也好，谨慎也好，这个现象的背后，一定有孩子没有表达出来的感受。家长不要急于批评，也不要当众指责，更不要强迫孩子，要尊重孩子。

全息沟通有一个重要原则，就是尊重孩子的心理现状，并且给孩子一个台阶下。比如上面这位妈妈可以引导孩子用表情、动作等自己喜欢的方式打招呼，也可以对孩子说：“我知道你是一个有礼貌的孩子，有时你是在心里叫人了（打招呼），但是如果下次你能说出来就更好了。”

我们都知道，人类是群体性动物，天生就有社交的需求。我们的每一个生活细节，背后都有沟通的影子。我们一直强调父母要言传身教，要将很多基础能力在孩子幼年期就培养到位，而沟通能力就是其中之一。

作为父母，如果我们不懂得如何与自己的孩子进行有效沟通，孩子在成年之后，可能也不会懂得如何与父母、与其他人进行有效沟通。

曾有一位大学生，参加了学校辩论队，他每次在上场前准备得都很充分，可是每当轮到他与人辩论或被人诘问时，他总是张口结舌地说不出话来。后来通过了解，他出生在一个很“和谐”的家庭，父母从未在他面前发生过争执，他也因此没有学到与人辩论、沟通的能力。我们可以看到，有些人总是不能正确表达自己的所思所想，有时甚至羞于表达，这其中很大一部分原因就是缺少对沟通能力的锻炼。

这些场景都很常见，可是这些问题却被大多数人忽视。有的人会归罪为大人的教育方法有问题，有的人会归因于孩子性格有问题。实际上，这些都不是真正的问题，学会沟通才是关键。比如，孩子在超市大哭大闹，就是要买某样物品，大人怎么劝都不行，这很可能因平时父母没有对孩子树立起恰当的话语权威。如果孩子发现他每一次需求最终都能够通过哭闹来获得满足，那么他从父母那里学到的沟通方式就是哭闹。父母既能让孩子表达感受和需求，又能善于引导，孩子很快就会改变自己的沟通方式。

再比如，小孩子在家里脾气很大，说一不二，但面对外人却胆子很小，不懂拒绝。这很可能因父母没有告诉孩子在与人交往时要保持必要的界限。如果孩子在家里处处被顺着，那么到了外面，当他发现别人不会顺着他时，他有可能处处顺着别人，也可能走向另一个极端，用发脾气的方式企图控制别人，因为他在家里学到的沟通方式就只是发号施令或者处处妥协。

有的孩子很不喜欢表达，无论大人怎么问，孩子就是一声不吭，完全没有表达的意愿。出现这样的情况，很可能因父母平时并没有把沟通的权利交给孩子。孩子很小还不会说话的时候，无法用语言交流，这个时候父母与孩子的交流基本是单向的，全靠父母掌控。当孩子会说话之后，如果父母还没有意识到，继续对孩子的各项事务大包大揽，或者无视孩子表达自己的需求，只是象征性地询问孩子，那么孩子依然会丧失表达的欲望，因为他的表达是无用的。

孩子虽然很小，但是作为一个单独的个体，是一定有表达的需求的。我们要做的就是把握住孩子每一次说出自己需求的时刻，鼓励他积极表达自己，教会他如何通过沟通来满足自己。

首先，我们要赋予孩子表达的权利。

一个人，不能发出自己的声音，或者发出了自己的声音而没有人去倾听，这是很可怜的。相对于成人来说，孩子是弱者，他们既没有很强的表达能力、逻辑能力，也没有成熟的思想来控制自己的言行，但是他们仍然有发声以及被倾听的欲望。父母是孩子的第一位聆听者，保护孩子的表达欲望，鼓励他积极表达感受和渴望，是父母对孩子的爱与责任。

在孩子表达出自己的需求和渴望时，不管是买一件物品，还是想参加一项运动，父母都不要直接拒绝，先倾听，然后再沟通。孩子提出来的要求不一定被采纳，但是他们依然有说出自己想法的权利，我们则有认真倾听的义务。

其次，鼓励孩子积极争取。

当孩子表达出自己意愿的那一刻，我们要如何回应？是从成人的角度出发，合理的同意、不合理的直接拒绝吗？这些都太简单粗暴了。即使是放在处处有规则的成人世界，沟通交流也往往是你来我往，互相争取的，又何况是父母与孩子之间的沟通。父母是孩子在这个世界上最容易说服的人，是孩子锻炼沟通能力的绝佳对象。不管孩子提出什么要求，我们最终是答应还是拒绝，我们要做的就是把握住每一次沟通机会，与孩子进行一次小小的讨论和交流，鼓励他积极表达自己，引导他分辨自己真正想要的是什么，教会他找到说服对方的理由，以及背后隐含的逻辑关系。每一次这样的对话，都可以很好地锻炼孩子的沟通能力。

第三，教会孩子妥协与退让。

有些时候，我们也需要硬起心肠，对孩子说“不”。因为我们需要教给孩子这样的道理：不是每一次的表达意愿都能实现，不是每一次的沟通交流都能说服别人，与其等孩子在外人面前受挫，不如先帮孩子建立起沟通失败的逆商。另外，拒绝孩子，并不意味着说“不”就完事了。当我们向孩子表达我们的意愿时，我们同样需要拿出理由说服孩子，需要将一些道理以及规则解释给孩子听。

发展心理学研究认为，两岁左右是孩子的“自我萌芽期”和“规则敏感期”。孩子通过宣告话语权来试探这个世界的规则，而我们坚定的拒绝，就是帮助孩子划清可以与不可以的界限，帮助孩子明确规则，让孩子明白他的权利是什么，这才是对孩子安全感最大的保护。

具体的建议是：

（1）建立家长的权威

父母是孩子人生道路上最重要的老师和引导者，肩负着引导及教育孩子的重任，所以在与孩子的沟通交流中，我们要对我们讲的每一句话负责。朝令夕改、随心所欲、无原则妥协都是父母与孩子沟通中的大忌，只会让孩子无所适从，导致父母与孩子的沟通无效。

家长如何做到对自己讲的每一句话负责呢？首先要充分与孩子沟通交流，不随便表态，拿定主意后就贯彻到底，久而久之既满足了孩子表达的需求，又树立起了家长的权威。还有关键的一点是，并不是所有事情都适合拿出来与孩子商量，涉及规则的事情，不要去征求孩子的意见。比如，与孩子约定好的睡觉时间到了，不管孩子想不想睡，我们都不适合再用商量的语气询问他“要不要去睡觉”，而是直接让孩子去睡觉。

（2）尊重孩子的意愿

把孩子当作平等的存在，与之沟通是我们的初心，在任何情况下，我们都不要忘记这一点。一位叫 Kate 的教育工作者模拟了一段小对话：

妈妈问孩子：“宝贝，你今天想吃什么？”孩子说想吃荷包蛋。妈妈说：“荷包蛋有什么好吃的，妈妈给你炒番茄鸡蛋，又营养又好吃。”

这样的对话应该不少见，很多人可能也很难察觉到这样的沟通带来的问题。如果你把这样的对话放在两个成年人的角色上，就能很容易看出问题所在。如果妈妈是本着尊重孩子的意愿询问孩子的，那为什么孩子说出自己的意愿之后，妈妈又要去否定孩子的意愿呢？这样的对话真正做到了尊重孩子吗？

这只是一个小例子，涉及的也只是吃饭的小事，但这样的对话日积月累，损害的就是孩子的话语权，消磨的就是孩子的自我意志。

（3）给孩子正面回应

沟通时的正面回应，表现在态度、表情上，还表现在内容上，这是建立孩子自信心最好的方法。相反，总是负面回应孩子，是打击孩子自信心的拙劣做法。

我们经常能听到已经成年的孩子这样抱怨："我不知道跟我父母说什么，说什么他们都不会听。"或者这样的抱怨："我说什么他们都会指责我说得不对，要按着他们说的来做。"

为什么会有这些抱怨？就是因为孩子每一次抛出沟通的橄榄枝，都被父母无视忽略。现在，我们来问问自己，当孩子兴致勃勃地用磕磕绊绊甚至不连贯的话语跟你表达他的想法时，你是否真正倾听了？是否把他看作跟你一样平等的存在，和他耐心对话？

沟通是个大话题，亲子沟通是个大难题。尊重孩子是解题的入门门槛，而父母传递给孩子的爱与规则，则是解决问题的钥匙。

2. 成功沟通的规律

2020 年 3 月，疫情形势已有了好转，大部分企业已有序复工复产。当时我接受中国心理学会心理学普及工作委员会、全国心理服务基层协作网的邀请，给中国科协讲授网络课程，主题就是企业团队如何通过沟通提升在非常时期的凝聚力。我认为，成功的沟通通常是沟通双方把关注点放在连接的效果上，放在如何打造双赢上。

在职场关系上，无论男女，内在成熟者都会把契约精神放在首位，尽可能为企业创造最大的价值，在企业成为有用的人。无论是亲子关系、亲密关系，还是职场关系，在沟通中，都不要简单地认为所有人的认识、看法、高度都是和自己一致的，对待不同的人，要采取不同的模式，要用听得懂的"语言"与别人沟通。

在沟通前，认真思考并选择对方能够接受的方式、方法进行沟通，这是沟通获得成功的第一个步骤。同时，在沟通中要学会妥协。在很多成功的沟通案例中，都蕴含着妥协的成分，大到国家与国家之间的谈判，小到同事与同事之间处理工作问题。当然，沟通中的妥协与退让，也不是无原则的，而是建立在底线基础上的妥协。

在沟通前，需要明确自己的底线是什么，自己最低能够接受的条件是什么；

在沟通中，要反复试探对方的底线，沟通的余地只能建立在双方彼此的底线以上，否则，再好的沟通技巧都会失去效果。

3. 非常时期的高效沟通

非常时期，稍有不慎人心就会涣散，同时只要用心，也可以超常凝聚人心，全看此时企业领导者的心态。换一个看问题的角度，把非常时期当作领导与员工患难与共的好时机，组织团队苦练“内功”，增强企业凝聚力。

平时，企业像架自动运转的机器，很难停下来做一次检修。而无论是机器的哪一个零件、哪一条线路，都需要进行检查和保养，需要调换部件，加油充电。现在有机会停下来，企业可以一边复工一边复盘，总结过去行得通的经验和行不通的教训，鼓励创新，苦练基本功。

我作为一个企业的负责人，在疫情期间，也经历过无助、焦虑、愤怒等情绪变化过程。我也经历了自我梳理、自我接纳的过程，比如在艰难环境中培养团队精神、做公益活动等。我作为中国老教授协会职业教育委员会家庭心理服务学院的负责人，在中国心理学会心理学普及工作委员会的学术指导下，在全学院 30 余位导师的支持下，在疫情发生初期的大年初四，与北京市朝阳区委党校合作，在两个月内，先后开设了两次历时 14 天的公益微课，举办了一次历时 14 天的公益活动“暖心下午茶”。

在整个过程中，导师团的沟通虽然只能在通过微信进行，但大家沟通高效、执行迅速。期间我们一共讲授了 40 多个门类的心理知识，回复了近 50 多个学员提出的问题。30 余位导师在活动总结中纷纷表示，做了义工，帮助了民众，锻炼了能力，一举三得。同时，学院还两条腿走路，选择有影响力的专家，锁定热门话题，开设了付费的专业微课，获得十几万元的流水，让授课专家和部分代理机构一复工就有了收入。

协作的前提需要沟通，良好的沟通是协作的门槛。

4. 职场中提升沟通能力的方法

真正会“沟通”的人，都知道寻求协同的思维模式。在职场中，提升沟通能力，要做到“看到”自己、“看到”对方，以及沟通双方的协同合作。

首先，是“我看到我自己”。按照说话惯性，一般人以为表达就等于沟通。这里面最大的误会就是看不见自己。把自己看作是一个有独立判断能力和行为能力的独一无二的个体，听起来很容易，但这取决于人的内在成熟度。有很多人心智的成熟度远远不够，所以，如果只是专注于自顾自说的话，我们常常只看到自己的身份和所代表的团体。

接下来，是“我看到你”。在职场中与人沟通时，尝试反复探索对方的内心世界，感受对方的身心状态，了解对方的沟通目的和需求。

很多时候我们在和他人打交道之前就已经给对方下了定义。“他是一个富二代”“他是一个官僚”“他是一个奸商”“他没什么文化”……我们看到的不是一个人，而是一种身份；我们带着偏见、厌恶，甚至仇恨的心理，在沟通前评价别人。当你无法认识到对方和你一样，不是完美的人的时候，当你无法承认每个人都有多个侧面的时候，你永远不会有想和他合作的意愿。

仅仅是看见对方还不够，紧接着是“我找到你”。这是很关键的步骤。交流时，如果发生冲突，要勇敢面对而不是回避或辩驳。回避，是逃避，是忍气吞声；辩驳，是互怼。所以，回避或辩驳都不能在沟通时发生。

最好的做法，是在双方意见不统一时，倾听对方的想法。比如，和对方说：“你不同意？我需要听听你的想法。”这一步需要极强的倾听能力，尤其是双方情绪激动的时候，更需要学会带着同理心倾听，而不是急于反驳和争辩。

最后一步是“我和你协作”，彼此一致采取利于实现双方目标的行动。当双方的交流能走到这一步的时候，大家基本上能找到一种更好的从未想到过的解决方案，而不是陷入相互攻击的循环。

一个团队也一样，遇到问题，如果能有效地完成了上面三步，就已经进入了协作。在这一步，需要团队领袖发动大家进行头脑风暴，鼓励大家想出尽可能多的方法。

5. 增进彼此信任的沟通技巧

首先在与人沟通时，倾听是最重要的。倾听有三个渐进层次：听到内容、不加评判地听准事实、听到诉求。

我以“我今天不太想去了”这句话举例。结合倾听的三个层次，这句话有几种表述：①“不想去了”（听到）；②“今天不太想去”（听准）。不同的语气背后，可能有完全不同的情绪。第一种，表示累了而不想去；第二种，表达愤怒与抗拒。

其次是沟通中的说（表达），表达感受和渴望。无论怎样愤怒，如果能做到“表达情绪”而非“情绪化的表达”，就是良好的沟通。

美国心理学家艾伯特·梅拉比安，通过对大量的语言结构的调查和分析，得出一个交流效果公式：信息交流的效果 =7%（语言）+38%（语调和语速）+55%（表情和动作）。也就是说，肢体语言在沟通效果中占重要比例。

因此，在与人沟通中，注重肢体语言在倾听和表达两个方面的呈现。倾听对方时，应根据对方表达的内容做出相对应的表情和动作，自己在表达时也是如此。

6. 全息沟通中的接纳与认同

（1）不同性格在沟通中的特质分析

按性格的特质区分，人有外向性格，如活泼、力量；也有内向性格，如和平、完美。

不同性格的沟通优势是：

① 活泼型：说话主动热情，语言和肢体活跃；

② 力量型：很强的洞察力，能掌控谈话的方向；

③ 和平型：说话语调平缓，微笑和蔼，让人有亲近感；

④ 完美型：语言有分寸感，心思细腻、敏感，能觉察到对方的感受。

这几种性格在沟通中呈现的问题是：

① 活泼型：话太多，易过界。自己说得多，易忽视对方感受；

② 力量型：在交流中很强势，没耐心倾听对方，经常打断对方，让人感觉不被尊重；

③ 和平型：交流中明显被动，经常被对方牵着鼻子走；最害怕冲突，会无原则退让；

④ 完美型：过度敏感，话少，与其沟通很难深入，让人没有信任感。

在这里，对两种外向性格的人的提示是：①过度控制会把身边的人推走；②每个人都是独立的，清晰的界限才能让关系持久。

对两种内向性格的人的提示是：①主动而得体的沟通往往会给自己带来很多机会；②充分表达自己的感受和渴望是一种最好的信任连接。

（2）接纳不同性格的人

外向性格的人与内向性格的人，本来是最好的团队搭档。外向性格的人冲刺在前，内向性格的人负责善后，双方都事半功倍。同时，不同性格的团队成员如果自己都不成长，被圈在自己的限制性思维里，就会卡在彼此的短板上，很难达成良好的合作。

一个成长型思维的团队，首先不会被每个人的先天性格所约束。人不是一成不变的，可以通过自我觉察跳出性格的舒适区，允许自己进行一些训练，放大自己的格局。

当力量型的人放慢自己的节奏，给别人多一点耐心，少一些控制的时候，当和平型的人多一些主动性，少一些不必要的顾虑的时候，当活泼型的人多考虑一点别人的感受，少一些以自我为中心的任性的时候，当完美型的人给别人多一点信任，少一点怀疑的时候，大家都会走出自己性格的舒适区，实现团队良好的沟通。

（3）接纳不等于认同

很多人容易混淆“接纳”与“合理化”两个词的含义，以为忍气吞声就是接纳，以为接受就是接纳。如果你的接纳因为潜意识出于无奈，这实际上就是认同。

接纳不等于认同。我与对方不同，但求大同存小异。彼此合作，又有底线，有界限。一遇协作机会，就进行真诚的沟通，这才是真正的负责任。如果你爱的人，只能跟你相处融洽，却常常与别人为敌，你却不支持他改变。那么，你不是真正地“接纳”他。

人际关系里，爱需要连接，连接需要接纳，而接纳同时需要站稳立场和坚守底线，失去其一，都可能只是为了某种利益而在关系上“求存”。

第三节　学员体会：困境中的破局

女儿高一时的辍学问题，让我学习了暖光的系列成长课程。回看这三年多的求解之路，我看似在帮孩子解决复课的事，其实是在孩子问题的引领下，走上了自我探索、学习成长之路。在这一点上来说，女儿辍学事件对我们这个家庭具有重要的意义。

1. 学习新知，“看见”自己

走进课堂至今，我深深受益于成长型思维，在课程的引领下慢慢“看见”了自己。

我是谁？我是一个个体，是一个处于关系中的人，在每种关系中扮演着不同的角色。

（1）**原生家庭**：我是大家长，和母亲是共生关系，却是个没独立的孩子。

（2）**小家庭**：我是女汉子，夫妻之间常年冷战，关系紧张。

（3）**亲子关系**：我是没长大的孩子，和孩子是共生关系。

在一步一步的学习中，我发现自己一直在逆“道”而行，心灵空间序位混乱、关系错位。我把老母亲当孩子一样照顾，使自己的孩子得不到我的关注，相反孩子还来关注我的感受。在各种关系中，我扮演了父亲的角色、丈夫的角色、孩子的角色，偏离了女儿的角色、妻子的角色、母亲的角色。我发现我在众多的角色中迷失了自己，我心里真的很难过。

2. 看见“不要什么”“要什么”就是方向

我“不要什么”？

（1）**原生家庭**：不要分离，不要不关注我。我拼命出钱出力，讨好兄弟们，最后因为财产分配，反目成仇。

（2）**小家庭**：不要两地分居，不要丈夫和我们母女分离，不要爱人一回来就吵架。

（3）**亲子关系**：孩子不要不听话、不要不去上学。衣食住行方面，全部帮她准备、安排好，孩子学习好就行，我不会关注和陪伴。

学习后发现，自己的各种关系问题，源于自己活在“不要什么”的思维模式里。因为不要所以终日恐惧，只活在自己的想法中。面对不想要的现实，我以讨好、控制的方式来逃避，在关系中却一路“红灯”。当找到关系中“要什么”的时候，我就找到了前进的方向：我要面对现实，建立和谐关系；我要做一个独立的人。

3. 学会选择就有力量

在“要什么”的思维中去选择，让我的内心充满了力量。我要做一个真实的人，如何才能做一个真实的人呢?

（1）接纳自己。明白讨好源于内心安全感的缺失，懂得分离是人生必经之路。我要给自己更多的关注。

（2）接纳两地分居源于生存需要的事实。我要重建和谐的夫妻关系，学会表达自己的渴望和需求，给爱人更多的关注，允许他做自己。

（3）接纳自己对孩子的控制源于自己安全感的缺失，我要给孩子关注和陪伴，教她学会生活技能，允许她做自己。

（4）接纳自己的急躁、傲慢，接受评判源于自己的生存、自卑和完美的需要这个事实。我要允许自己做自己，做一个自信而热爱生活的普通人。

当我选择一点点地接受自己，开始关注内心的感受时，我发现自己不再向外索取了，感觉自己越来越平静了。我是我自己，是一个真实的人。

4. 感受变化，永远在路上

随着学习的深入，每天的体验、实践都给我带来了不可思议的变化：

（1）当我不再向外索取，人慢下来了；

（2）当我不再讨好他人，人静下来了；

（3）当我不再控制他人，人柔软下来了；

（4）当我不再要求完美，我低下来了。

就在我发生变化的同时，周围的人好像也变了。

记得我去参加暖光"探索班"课程时，先生说："你学了就行了。"我学完后和他分享感受，他听完后决定也去"探索班"学习。我在一旁默默地做志愿者，课程结束后，我们的交流变多了。

我上第三阶段的课程时，爱人主动开车送我、接我，我心里真的很高兴。在体验式学习中，我发现家人间的沟通很少，仅靠我一人很难改变现状。为此我和先生商量，希望他参加第三阶段的课程。我用学过的知识问他："如果半年后孩子还不能复课，你现在能做什么？"在我的强追猛攻下，先生终于参加第三阶段的课程了。在课程里他学习，我做实习教练。我们一起聊变化，一起做酸菜鱼，夫妻关系越来越好。孩子看着我们开心地笑了。

先生结课后，我们一起和孩子商量，希望她参加第三阶段的课程。孩子说："我去干吗？"谁知开课前孩子愿意去了，上了半天课就跑了。我们没有停止学习，继续做教练。两个多月后第三阶段的课程又要开课了，我们一起对孩子软磨硬泡，心里想：孩子只要学了就会埋下种子，在她需要的时候就会发芽。这次我们把孩子送到教室楼下，没有在现场做实习教练，让她自己独自开始学习。教练发现了我们家的问题，实践的部分重点组织了 8 次家庭会议。一家人在一次次会议中学会了倾听、表达感受。随着教练的引导，孩子学会表达自己了，人也开朗了很多。

从自己学到夫妻一起学，再到全家一起学，是一个发现问题、学会沟通乃至协同的过程。孩子生气了我们就试着问她的想法，如果她不说，我们就陪着她。我们自己生气了，就一个人待一会儿，不把坏情绪传递给孩子。我们共同的想法是从一个眼神、一个微笑、一个提问练起，关注孩子内心的感受。我们要给孩子提供一个有爱而温馨的家庭环境。在一次次的碰壁后，亲子关系慢慢变好了。

暖光课程结束了，我们人生的实践仍在继续。从孩子辍学到发现了小家庭问题、家族问题，是一个由小见大的过程。从在复杂关系中找到自己，到开始探索自我关系，再到找到快乐，是一个由复杂变简单的过程。生活在继续，每天做自己喜欢的事，过着想要的生活，时刻都和自己的内心在一起，这就是践行。

5. 每一刻都是新的开始

至今还记得开始学习时，每天都期待着生活发生质变，可是越急越看不到。当我愿意慢下来，肯花时间打磨自己、改善关系、解决沟通中的各种问题，我就相信我离自己想要的已经越来越近了。在困境中我知道了每天对自己最重要的两件事：健康和学习。一个人的终身成长源于思维的不断提升，思维的不断提升来自每天的学习和实践。在和孩子的互动中我“看见”了自己的问题并及时解决，同时我也引导孩子“看见”自己的问题和修正自己，帮助孩子找到自己的人生方向。

这一路的学习成长，就像是坐过山车，起起落落、走走停停、反反复复。在暖光的引导和帮助下，我已经找到方向，更能看到美好的前景。在人生中遇到困难时，相信自己更要相信未来，在学中做更要在做中学，坚持不懈地走在自我觉察的路上。我坚信，当一家人把焦点锁定在成长型思维上时，大家都能更好地成长起来，共同创造家庭的美好未来。

最后，感恩我的导师孙瑜博士！感恩暖光！

暖光毕业学员：王今朝

2020 年 4 月 22 日

| 第七章 |

让心灵回家

所谓让心灵回家，就是让心灵找到归属，让自己有一个人生信仰。人们通常区分不清，我们在生命中所追求的究竟是“欲望”还是“理想”?

一个人的心灵在没有找到归属之前，只会在行为和能力层面为金钱和物质生活奔波，我们称之为在物质世界“求存”的欲望模式；当人们看见了爱，体验到爱之后，会终于找到一种属于自己的生命意图，并为之奋斗。这就已经进入信仰层面的理想追求之中了，也就是心灵“回家”了。

第一节　让心灵回家

1. 家，是什么?

家，是一个温馨的字眼，“宝盖头”遮住了外面的寒风冷雨，“一横三撇”是家中人的期盼，向外的“一撇一捺”是出门在外的人对家的眺望，“一个竖钩”把全家人紧紧地系在一起。

家，是烙在游子心中的深深印记，无论天南海北、无论富贵贫穷，家永远是游子心中深深的眷恋。

家，是愤恨时砸烂，高兴时装潢的地方；
家，是消沉时冷落，激动时拥抱的地方；
家，是悲伤时诅咒，快乐时感激的地方；
家，是贫贱时嫌弃，富贵时炫耀的地方；
……

人生在世，谁也走不出家这块领地。家是构成社会的基本单位，家是爱情筑就的温暖的小巢，家是男人和女人的避风港。

家是一种期盼，是每天下班后急匆匆赶回去的地方，是无论你走多远都会牵挂着，即使远在天边你也想立刻回去的地方。

2. 什么是心灵的家?

这个问题可以用一部优秀的电影来回答。意大利导演罗伯特·贝尼尼自编自导自演的影片《美丽人生》，讲述了一个父亲在极端恶劣的情况下，如何用爱和智慧帮助孩子的心灵回家的故事。

影片的主人公叫基度，在儿子乔舒亚五岁生日的那天，一家人被抓走，送往集中营。即使是在集中营里，父亲也倾其所有智慧，全力为儿子营造安全感，让孩子的心灵回家。基度把集中营的环境描述成一场争夺最高积分的 PK 游戏。他告诉乔舒亚，在这场游戏中，如果你违反了三条规定中的任何一条，你的得分就会被扣光。这三条规定是：如果你哭；如果你想要见妈妈；如果你饿了想要吃点心！而在游戏中胜利的人能获得一辆真正的坦克并且回家！

在这里，毒气室被基度说成了浴室，尽管有的人去了那里再也回不来了。有人被拉去焚化炉被烧掉，他却借此跟儿子开玩笑。劳作无比残酷，他却兴奋地跟儿子炫耀："我今天得了 48 分！"于是，冰冷的监狱，凶狠的士兵……这一切在儿子眼中都成了一场争夺积分的游戏。

为了安慰妻子，基度在路过集中营的广播室时，冒着危险在广播里呼喊妻子的名字，告诉她，他和儿子都还活着。而且，他趁着在餐厅做侍者的机会，为妻子播放了《船歌》，用这首他们曾经在定情之夜播放过的歌曲，安慰妻子的心。

后来就在盟军将要到来的前一夜，纳粹决定杀掉集中营里所有的人。于是，这一夜成为基度生命的最后一晚。这天夜里，到处是杀人的枪声，基度将儿子藏在一个垃圾桶里，之后却在去找妻子的过程中，被巡逻的纳粹抓住了。就在他被纳粹押着走过最后一个拐角时，路过了藏着儿子的铁箱子。他知道儿子正从箱子的缝隙里看着自己，于是他装出一副滑稽的样子，让儿子开心地以为一切都还是游戏。哪怕是在生命最后一刻，他也用轻松幽默的方式去面对死亡。儿子脑海里留下的是父亲最后滑稽的模样。

所有纳粹都撤走了。第二天清晨，盟军的坦克也开进来了。儿子钻出垃圾箱，还以为这一辆真坦克就是游戏的奖品！

孩子看到真坦克时惊喜的表情，相信令所有观众都哭了，这正是父亲用生命为他交换来的"惊喜"。

基度的儿子与妻子终于在阳光下团聚在一起。儿子兴奋地告诉母亲："妈妈，我们赢了！"确实，在这一场浩劫中，他们赢了。因为，有一个英雄在支持他们。枪炮、炸药、毒气、死亡、饥饿，这些东西看似强大，但最后获胜的，却是一个父亲的爱。

即使在集中营那样残酷的环境里，那样一个美好的梦从没有破碎，年幼的孩子仍然感觉世界在接纳他。孩子的心里一直有爸爸、有妈妈、有快乐的比赛游戏。这样残酷的真相，只有当孩子长大后，才能去理解、去接受，他才能用爱去转化残酷。而在这之前，他需要的是父亲的童话。

电影的最后，当年的小男孩用苍老的画外音说："这是我的经历、这是我父亲所作的牺牲、这是父亲赐我的恩典。"

无论在怎样极端恶劣的环境中，电影中伟大的父亲，都始终能让孩子有安全感，能让孩子的心灵回家。由此可见，让心灵回家，就是让自己的心灵有所归属。心灵之"家"不是一个地方，而是自己内心宁静之所在。让心灵找到安宁之处，就是真正的回家。

3. 成年人的生活就是负重前行

在淘宝直播间卖口红的年轻人李佳琦，看过他直播的粉丝都知道，他每隔一段时间就会离开直播间几分钟，理由往往是："我要去一下厕所。"直到李佳琦后来自己透露出真相："我可以憋尿 4 个小时，我只是找个借口去阳台上透口气，压力太大了，只能见缝插针地快速调节自己，让自己从高压的状态中慢慢解脱。"

原来，李佳琦风光无限的背后，也有无尽的心酸。我们看到他在镜头前谈笑风生，却看不到他在阳台上放空、调节自己状态时的深沉。他的事业现在做大了，同时还要管理好员工，直播时还要面对恶意评论。

一年 365 天，李佳琦能做 389 场直播。每天中午到下午五点，他开始选品，准备直播；晚上七点到凌晨一点，持续直播 6 个小时。结束后，他还要卸妆、总结复盘，直到凌晨四点才能睡觉。

当年那个在狭小格子间里卖力直播却无人问津的"小透明"，现在已经身价过亿、受人瞩目。撕开生活本来的面目后，你会发现每个人的内心深处都已千疮百孔。就像电视剧《安家》中房似锦的一句台词："每条光鲜的裙子背后，都有一个不经意被钩破的洞。"

成年人的生活，每个人都在负重前行。

山东烟台的一位中年男子因为没系安全带导致科目三考试没过，瞬间崩溃大哭。他哭得撕心裂肺，躺在地上打滚，边哭边喊："我不想考了……"成年人的崩溃不是突然爆发的，而是日积月累的结果。成年人的崩溃，往往都是默不作声的，看起来很正常，会说笑、会打闹、会社交，表面平静无比，实际上心里的糟心事已经积累到一定程度了。于是在某一个瞬间，突然崩溃了，无力再去扮演好一个情绪稳定的成年人。

下班的公交车上，一位穿着白衬衫系着领带的男生，边吃蛋糕边抹眼泪。他把头扭向窗外，一手拿着叉子，一手不断地用袖子擦眼睛。路人不知那天是他的生日还是他遇到了什么难过的事。

地铁站无人注意的小角落里，一位女孩躲在那里偷偷哭泣。工作人员询问后得知，女孩刚毕业不久，独自一人在武汉打拼，工作上遇到了一些不顺，感觉孤单又无助，在地铁站里没控制住情绪，于是崩溃大哭起来。她像极了那个刚毕业进入职场的我们，每天看着别人的脸色，生怕出错，受了委屈又不敢跟家人说。

有些难过的事在旁人看来无关痛痒，只有自己知道有多么心酸。不过，挫折会来，也会过去，热泪会流下，也能收起。没有什么是可以让我们放弃前行的。因为，明天的太阳还会升起。我们可以像李佳琦一样，面对负面情绪时，学会自我调节。

但是，如果只记得背负生活的压力前行，我们就会被自己催眠，忘记了当初为什么出发。

4. 让心灵回家，不可不读的三本书

（1）《正念的奇迹》

第一本书是《正念的奇迹》，作者是一行禅师。这本书是一行禅师写给一位朋友的一封长信，尽管没有详尽的道理，但单从他的信中，我们就可以学会什么叫做正念。

读完这本书后，你会发现生活中几乎没有什么所谓的难关。只要你能学会保持正念，甚至只要能够提醒自己保持正念，你就能在很短的时间内变得心平气和。与之相反，在我们没有保持正念的时候，我们会被欲望折磨，被心事烦扰、被他人掌控、被情绪左右。那种痛苦的感受，我想每个人都不陌生。

所谓正念就是专注工作，保持警觉和清醒，准备好应对任何可能发生的状况随机应变。

修行最难的地方是家里，其次是在工作中，再其次是在寺庙里。

把工作和修行分开是很难实现的，而且也并不是一个好的修行思路。王阳明曾经写信教训自己的学生：我何曾和你说过要专门找个时间修炼？每日断案，不都是对自己心灵的修炼吗？

当我们愤怒时，我们自己就是愤怒本身；当我们快乐时，我们自己就是快乐本身。我们既是自己的心，也是心的观察者。所以，重要的不是驱逐或者执着于任何念头，重要的是觉知这个念头。散乱的心也是心，就像浪花也还是水一样。当看清自己的心，迷惘的心就变成真实的心。

真实的心就是自我，也即是佛陀。所谓明心见性。

（2）《心流》

《心流》一书的作者是米哈里·契克森米哈赖，积极心理学奠基人之一。

心流，也是心灵回家的一种极佳状态，是一个人完全沉浸在某种活动当中，无视其他事物存在的状态。这种体验本身会带来莫大的喜悦，使人愿意付出巨大的代价。

米哈里在“心流”概念的基础上，建立了最优体验的理论。什么是最优体验？就是当你处于最优体验时，你会感到无比欣喜，觉得有能力控制自己的行动，主宰自己的命运，而不被莫名其妙的力量牵着鼻子走。它是一种你渴望已久的东西，是你追寻理想的人生旅途中树立的一座里程碑。

米哈里发现：幸福并非瞬间发生，它与运气或概率无关，用钱买不到，也不能巧取豪夺；它不受外在事物的操纵，而是取决于我们对外界的诠释。

实际上，幸福要靠个人的修持，要事先充分准备并刻意培养与维护。只有学会了驾驭心灵的人，才能决定自己的生活品质，具备了这种能力，也就相当于接近幸福了。

处于心流状态时，你会把生活中的琐事忘得一干二净，这时心灵完全没有容纳不相干信息的余地，混乱的信息也无法乘虚而入。心流体验者之所以能完全地投入，是因为其目标明确，能得到即时的回馈。

浑然忘我的状态很难用理性的语言说清楚，心流的乐趣不在于你“做什么”，而在于你“怎么做”。一旦掌握了心流的秘诀，任何事情都能让你达到心流体验。一个能从生活中找到乐趣的人，和一个被生活压垮的人之间的差别，无非是个人对外在因素的看法不同，也就是他究竟把挑战视为威胁还是机会。

（3）《活出生命的意义》

《活出生命的意义》一书的作者维克多·弗兰克尔是著名心理学家，也是20世纪的一个奇迹人物。作为犹太人，弗兰克尔全家都被关进了奥斯威辛集中营，他的父母、妻子、哥哥全都死于毒气室中，只有他和妹妹幸存。弗兰克尔不但超越了这炼狱般的痛苦，更将自己的经验与学术结合，开创了意义疗法，替人们找到绝处逢生的意义。

他发现有丰富精神生活的人，内心的创伤会少许多。他们能把恶劣的外部环境转化为丰富、自由的精神生活，这样也解释了集中营里身体羸弱的人比身体看似强壮的人生存能力更强。

爱是人类追求的最高目标。在忍受各种奇怪的折磨的时候，弗兰克尔心里最常想到的是自己的妻子。“不论真实与否，我都坚信她的外貌比冉冉升起的太阳还要明亮。”弗兰克尔理解了诗歌、思想和信仰所传达的伟大秘密的真正含义：拯救人类要通过爱和被爱，哪怕是一无所有的人，只要有片刻的时间思念爱人，他就可以领悟幸福的真谛。

幽默，则是灵魂保存自我的另一件武器。幽默能够使人漠视困苦，从任何境遇中超脱出来，哪怕只是几秒钟。

在集中营里人们普遍表现出冷漠、自卑、嫉妒、易怒等情绪，经常会因为分配食物而出现群殴的情况。面对这种环境，人是否还有选择的余地呢？弗兰克尔说：“有！”

有一样东西是你不能从别人手中夺去的，那就是最宝贵的内在自由选择权。人们拥有在任何环境下选择自己的态度和行为方式的自由。人们每天都会面临抉择：是保持自我内在的自由，还是抛弃自由和尊严而变成标准的囚徒。

弗兰克尔曾目睹一个年轻女子的死亡，她告诉弗兰克尔：“我感谢命运给了我这么沉重的打击……以前的生命让我糟蹋了，我从没有认真考虑过精神完美的事。”她指着窗外：“这棵树是我孤独中唯一的朋友。”

集中营里死亡率最高的时刻是在圣诞节前后。不是因为流行病，而是因为多数人都天真地以为能在圣诞节前回家。随着回家的希望越来越渺茫，他们逐渐失去了勇气，变得沮丧起来。这严重削弱了他们生命的抵抗力，导致了最终的死亡。

要想恢复囚犯内在的力量，必须让他看到未来的某个目标，这就是意义疗法。尼采说：“知道为什么而活的人，便能生存。”每个人的生命任务（也就是生命的意义）都是不同的。如果你发现经受磨难是命中注定的，那你就应当把经受磨难作为自己独特的任务。即使在经受磨难时，你也是一个独特的、孤独的人。

与心理分析相比，意义疗法更着重于未来，着眼于患者在将来应该实现的意义。在集中营里，那些知道自己的生命使命的人最有可能活下来。精神健康有赖于一定程度的紧张——即已完成的和待完成的任务之间的紧张，或者是当下状态与理想状态之间的差距导致的紧张。这种紧张是维持精神健康必不可少的。人实际需要的不是没有紧张的状态，而是为追求某个自由选择的、有价值的目标而付出的努力和奋斗。

按照意义疗法，我们可以用三种不同的方式来发现生命的意义：

（1）通过创立某项工作或从事某种职业；

（2）通过体验某种事情或面对某个人（追寻真善美或者爱上某个人）；

（3）在忍受不可避免的苦难时采取某种态度。

意义疗法认为，负责任就是人类存在之本质。意义疗法既非说教，亦非祈求，既不是道德劝诫，也不是逻辑推理。治疗师的作用是拓展患者的视野，使他意识到其生命潜在的所有意义。人越是忘记自己，投身于某种事业或者献身于所爱的人，他就越有人性，越能实现自己的价值。

弗兰克尔生命的意义就在于“帮助其他人找到生命的意义”，这也是所有心理工作者服务生命的人生意义。

第二节　疫情，人类集体心灵回家的机会

1. 面对疫情，全世界没有一座孤岛

疫情危害的不仅仅是一个人、一个家庭、一个社区、一座城市、一个国家，而是全人类。这次疫情已经成为全人类共同面临的巨大挑战。抗击疫情不仅关系各国利益，更关乎人类的前途和命运。

人类社会发展至今，在长期喧嚣浮躁的时代里，人们更加热衷于去关注外部世界，很少关注自己的内心。与此同时，我们赖以生存的地球，正在经历着前所未有的考验。科学工作者分析说：环境本身具有一定的容量上限，当环境中物质的浓度超过这个界限，就会发生环境污染。从自然的角度来看，在资源开发过程中，向自然界过度索取物质和能源，必然存在许多隐患。

人口的增长也增加了环境的负担。目前，生态环境破坏范围不断扩大，程度不断提高，危害日益严重。土地退化、物种消失、石油矿产资源不断地被开采、树木被大量砍伐、塑料等白色制品的污染、二氧化碳过量排放导致地球变暖日益加速……这些都是人类活动超过了环境容量后所造成的生态失衡。

这场疫情就像是一面“照妖镜”，影响了每个国家，我们也从中看到了千差万别的防预差异和对自由的不同理解。一场病毒，不仅让我们看到了人类的渺小，还让我们看到了人类的傲慢和自大。

老子在《道德经》第四十六章说：“祸莫大于不知足，咎莫大于欲得。故知足之足，常足矣。”意思是没有比不知满足更大的祸患，没有比欲望太多更大的罪过。所以知道到什么地步就该满足了的人，永远是满足的。

是的，合理的欲望推动人类进步，但欲望太多就会成为祸患。把握欲望的尺度，关键就是老子说的“知足”。不知足，人就被欲望控制，成为欲望的奴隶；

知足，人就能控制欲望，成为欲望的主人。

老子还认为，天地间有四种主要规律，即“人法地、地法天、天法道、道法自然”，说明“宇宙”的根源是自然。依“道”而行，顺其自然则成，反“道”而行，逆乎自然则败。老子在世界上最早提出了朴素的唯物论和辩证法，为几千年来的世人提供了观察社会、思索人生的独特视角。

一场疫情，也许会让人类明白，对未知事物要保持谦卑和敬畏，否则就会遭受沉重的打击。不敬畏天地，生态就亮起红灯；不敬畏自然，社会就亮起红灯；不敬畏信仰，精神就亮起红灯；不敬畏伦理，家庭就亮起红灯。

2. 痛苦与灾难是人类成长的良药

网上有张照片是一个病人在病床上认真读书的画面。他读的是美国学者弗朗西斯·福山的《政治秩序的起源：从前人类时代到法国大革命》。据了解，这位病人姓付，时年 39 岁，老家在孝感市汉川。他曾在武汉大学攻读博士，毕业后去美国从事博士后研究，目前在佛罗里达州立大学教书，研究方向是高分辨冷冻电镜。他的照片火了之后，弗朗西斯·福山竟然也在推特上转发了这条新闻，因为这张照片让人看见了不甘被疾病制服，和命运抗争的精神之光。

人生多艰，我们一方面要顺天意，另一方面要尽人力。顺天意，就是我们不用天天去想什么时候会死，自己吓自己；尽人力，就是我们要努力保持身体健康，安居乐业。我们的人生，既要做好明天可能会遭遇不测的准备，也要做好可能会活到一百岁的准备，这是两种完全不同的心态。我们要把每一天过好，因为生命是由每一天组成的。如果每一天都过不好，那就是一辈子过不好。每一天过好，本质上包含了两个内容，一个是要活在当下，让今天过得丰盈愉快；另一个是要为未来做准备，因为大概率我们还会活很久。

今天的我们，不必沉溺于过去的失落和痛苦，也不必让过去积累的负能量影响我们的今天。那些拖住我们后腿的东西，该踢掉的就踢掉。有人抓住伤口不放，有人被失败击垮，那是因为他们的心里为昨天留了太多位置。

在这次疫情期间，中国人民共同抗疫中那些惊心动魄的经历让我们认识到：

人的生命是最宝贵的，但生命又是很脆弱的，与大自然相比，人是非常渺小的。正是因为生命的短暂和脆弱，才能更加彰显生命的弥足珍贵。通过这次疫情，把痛苦与灾难转化成为心灵成长的良药，让我们有机会思考生命的得失，思考人性里的美善丑恶，思考人与人抱团取暖走出困境的力量，思考家国天下的责任与担当，思考如何不枉此生，活出价值与意义。

疫情中，“希望热线”的心理工作者，在接听了因各种原因而情绪崩溃，最终对生命无望的来电之后，写下了这样的文字：

我们的生命到底属于谁？

生命不只属于自己，生命受之于父母，我们与家族的血脉连接在一起。正是这样的生命连接，让我们找到生命的价值与意义：我们是为我们爱的和爱我们的人而活着！

这些希望热线的心理工作者们呼吁：活着，我们一起活着！成为彼此生命里的贵人，守护彼此的生命。

我们还在疫情中形形色色的人性的表现里，看到这个世界是由阴阳组成的。无极生太极，太极生两仪。这个世界不仅只有对错和好坏，还有很多灰色地带。人性有黑暗的一面，也有光明的一面。有人在重大的灾情面前逃离，也有人会主动留守；有人会在关键时刻放任自流，也有人是主动隔离；有的人是关键时刻保全自身，也有人奋勇逆行，奔向一线；有的人把疫情作为资源捞取名利资本，也有人付诸公益，无私奉献……阴与阳都同时存在于这个世界中。

在一个重大事件发生时，我们看到黑暗的部分让人咬牙切齿，另一面的光明又让人热泪盈眶。当看到阴阳是一体的时候，我们就可以全面地看待这个世界，看到世界的完整与统一。

“弱小和无知，都不是生存的障碍。傲慢才是。”这是刘慈欣的科幻小说《三体》中的一句话。这句话，如果用于形容人类和病毒的关系也一样恰当。人类从历史中得到的唯一教训，也许就是从来没有从历史中得到过真正的教训。这才是我们需要反思的。

在中华民族的发展历史中，每一次在发生灾情的时候，总有人很勇敢、有担当，在关键时刻挺身而出，他们总是在民族最艰难、道路最崎岖的时候，去接引这个民族渡过苦海。正是这些英雄让民众在每一次灾难发生的时候，得以拨开迷雾，看到希望。当看到希望的时候，我们就会有勇气说出这样一句话："没有过不去的冬天，没有过不去的灾难。我们因此坚信，至暗时刻，往往都是光明到来的前奏。"

3. 只有爱，可以让人类心灵重归家园

这场疫情让所有人都开始反思。在网络上，人们列出了十个思考结果：

（1）身体才是一个人革命的本钱；

（2）明天和意外，你永远不知道哪一个先来；

（3）趁你爱的和爱你的人还在身边，好好对待他们；

（4）太多感人的故事让我们懂得了感恩。感谢离死亡最近、离病毒最近的白衣天使们，感谢奔赴疫情一线的各类工作人员们；

（5）自律很重要，宅在家的日子让我们明白作息规律、合理利用时间、养成良好习惯的重要性，自律让我们真正学会自我成长；

（6）人生来来往往，并无来日方长，生命脆弱短暂，无法重来一次。好好珍惜现在拥有的一切；

（7）爱我们所爱，行我们所行，做我们认为值得做的事情，不给自己留下遗憾；

（8）陪伴是最长情的告白；

（9）疫情面前，人类的自我约束才是防范凶险的重要保证。我们要学会敬畏生命、尊重生命、保护大自然；

（10）疫情让我们看到了社会主义制度的优越性，看到了同舟共济、众志成城的民族传统，看到了一方有难、八方支援的大爱精神，看到了无论生死、不计报酬的奉献精神，看到了奋斗不息、舍家为国的家国情怀。越是在危难时刻，

越是能感知到来自这个国家、这个民族的力量；越是在无情的灾难面前，越是能感受“中国”这两个字带来的温暖与美好。

这个春节假期受到疫情的影响，“宅娱乐”开始盛行，游戏就成了众多年轻人的首选。不少网友就公开表示，假期的生活就是醒了打游戏、饿了吃饭、困了睡觉。一份相关游戏数据显示：春节期间《王者荣耀》的峰值 DAU 日活跃用户数量在 1.2~1.5 亿个之间,《和平精英》的在 0.8~1.0 亿个之间，均创下历史新高。

这个数据，不由让人震惊！

上亿的年轻人，在疫情笼罩下的假期里竟然不约而同地选择了在游戏中挥霍光阴。虽然适度的娱乐活动无可厚非，但很多年轻人早已越过了适度的界限，把游戏当成了漫长假期的精神寄托。他们毫不费力地在其中享受着廉价的快乐，忘乎所以。

人生的每一刻，都可以为未来做准备。生命的精彩，我们或多或少可以自己掌控。疫情之下蜗居在家，我们到底该做些什么？答案是：整理人生！复盘人生！然后，断、舍、离。将多余的、负累的、干扰的东西做减法。

疫情大事件，骤然中断了我们绝大部分的社会联系。禁足后，会发生什么？你会发现总想逃离的家，其实也没那么可怕；你会明白，静下心来看一本书也是可能的；你还会明白，99% 的社交其实是没什么用的。你待在家里这么久，没去参加形形色色的聚会、酒局、饭局，最后发现它们可有可无。那些只为聚而聚的社交，充其量只是一种“弱联系”，无法左右你的生活。

心理学中的“催眠”，是指一个人的潜意识慢慢认同某种事物的现象。平日里被自己的“惰性舒适区”所俘虏的人，就像被某种意识催眠。而自我催眠是一种易受环境和自我习惯暗示的状态，是与自己的潜意识接触的一种方式。

低级动物在物竞天择、弱肉强食的生存法则逼迫下，知道饿了就要去找吃的，过冬前要储备粮食。它们不会停下来问问题，它们凭着本能在大自然里活下来。人类的文明给世界带来了科技和规则，而世界给人类提供了资源，以及真理和警告。刘慈欣在科幻小说《流浪地球》里写道：“最初，没有人在意这场灾难，这不过是一场山火、一次旱灾、一个物种的灭绝、一座城市的消失，直到这场灾难和每个人息息相关。”

刚开始复工的那几天，至少上亿的人要么开始在家办公，要么戴着口罩走进工厂、公司。这是一个艰难的抉择，而所有人只能选择健康生活和工作的相对平衡。网络上有个问题是：“疫情中的复工首日，你有怎样的感触？”有这样一个回答：“从来没有哪个时刻像现在一样，让我感觉此前过得太敷衍，以后我要努力赚钱，认真工作和生活。”

当世界安静下来，你才能听得到心跳的声音。经历了生死考验与突如其来的变故，你才能发现生活的真相。终于有一个机会让我们惊醒，让我们反思过去的思维和行为习惯。疫情不仅改变了社会，也正在改变你对世界的态度。

如果说，灾难已经无法避免，那么，这次疫情就是人类最难得的一次集体修行机会。

疫情期间，成了很多职场年轻人难得的“假期”。他们在网络上写道：

“这几天一路回想，从恋爱、结婚到生子，感觉自己和老公就像上了发条一样，现在终于可以休息一下。孩子可以天天看到爸爸，每天能在爸爸怀里撒娇，老公也可以陪我打打羽毛球，听我唠唠嗑，聊聊村里的家长里短，从来没这么畅快地和他聊过天。”

“陪老公一起回到他老家，我们已经十多年没回去了，这是第一次一大家子回去过年，拖家带口，一家老小一共十来人。本计划过完年就回城里工作，没想到疫情让假期变得格外漫长。老家没有电视，没有洗衣机，出门全靠步行。我们一家一起修整荒废的庭院，重拾儿时的野趣，跟从小一起长大的人一起生活了很多天。生活仿佛回到了儿时，孩子们每天玩泥巴、爬山、放鞭炮，重回大自然。”

这是一个特殊的契机，让支离破碎的家庭重圆，让隔阂已久的亲人重聚。虽然有些裂痕或许永远无法修复，但这个契机确实是几十年难逢一次，有机会让往事“翻篇”，让大家有时间去尝试创建新的关系。

新冠肺炎疫情，当然是一次灾难。但换个角度来看，它又何尝不是给所有人的一个和最亲近的人在一起的机会？灾难和意外都是不速之客，不要等到它们近在咫尺，才想起去爱你爱的人。

回家，要趁早；爱父母和亲人，要在当下。

一个家庭是否幸福，很大程度取决于厨房里的烟火气。买菜、做饭，不仅可以填饱家人的胃，还可以增进感情，治愈心灵。美食和亲情就像一对亲兄弟一样亲密无间。一道普通的家常菜，只要是为家人而做，就会有爱的味道。再寻常的日子，只要家里有了一个爱做饭的人，就会立刻变得有滋有味起来。

吃，是人最原始的欲望，一个人无论在外面遇到什么挫折，回家吃一顿妈妈做的饭，都会重新燃起对生活的热情和渴望。

疫情前，有一些职场精英工作忙起来，从来不爱惜身体。早饭是从来不吃的，午饭多半是一边工作一边扒拉几口盒饭，晚上加班到深夜，路边遇到什么就随便吃点。在他们眼里，花时间做饭简直是浪费时间、浪费生命。直到有一天突然病了，才幡然醒悟：你对待食物的方式就是对待生活的方式，生活也会用同样的方式对待你。

饭桌上，最能看出两个人关系的真相。厨房就像婚姻的壁炉，如果它是冷冰冰的，整个家就很难温暖起来。

所谓尘世的爱，不就是一屋、二人、三餐、四季吗？

最幸福的人，就是能够把今天和明天结合的人；最具成长力的人，是今天做事情满心喜欢，又同时为明天储备资源的人。

今天的太阳升起，应该是一个全新的开始，心里的难过一定要留给昨天。

POSTSCRIPT

后 记

风雨 12 年　不忘初心路
——北京暖光咨询中心 12 年发展纪略

一、一条“少有人走的路”

2017 年 12 月，北京电台新闻广播《青春晚自习》栏目、故事广播《读书俱乐部》栏目、城市广播《职场帮帮团》栏目，相继邀请了一位嘉宾，就 2017 年 10 月份出版的新书《不可不知的人性》进行专题访谈，话题从创业心态到职场选择，从原生家庭关系到社会人际关系……这位嘉宾就是该书的作者，北京暖光咨询中心创始人、首席导师孙瑜博士。

让众多电台频道感兴趣的不仅是孙瑜博士的令人不可思议的职场转型经历，更是她作为心灵成长导师的清晰的生命意图和始终坚守如一的人生理想。

作为北京暖光咨询中心创始人，2004 年孙瑜导师在一个非常偶然的情况下，接触到体验式培训，瞬间触动到她的心灵最深处。与理想同频对接的感动，当即让已经是北京某著名媒体总编辑的孙瑜，作出一个重要决定——转型，做心灵导师。

于是，雷厉风行的孙瑜博士开始一系列转型举措：离职，投入巨额学费向体验式培训鼻祖、美国斯坦福大学庄·翰尼教授学习，创办北京暖光咨询中心，结合所学及中国国情自主研发出独具特色的体验式训练教程，从教练型领导力培训班，到为国家机关、企事业单位进行内部培训，再到开办面向社会的“醒觉人生”团体心态咨询培训班……

北京暖光咨询中心从2006年正式注册至今，已有数万人接受过孙瑜导师团队的培训，有2000余名学员走进“醒觉人生”系列课程的教室。这是一条“少有人走的路”，在这条路上，每一个起伏、每一个沟坎、每一处风景，都留下了孙瑜导师奋斗、创新并充满生命激情的足迹。

二、想要出发，先要离开

孙瑜的父亲是国内机械设计专家，在父亲的影响下，孙瑜大学学的是机械专业，但在她内心，总有一种“传播”的冲动。大学毕业后，她听说《北京日报》招收记者，于是兴奋地报了名，并顺利被录取。随后她进入中国人民大学学习新闻专业，并在传统媒体行业深耕，其作品活跃在报纸、电台、电视台、杂志上，她最后成为发行量达20多万份的日报总编辑。

2004年，孙瑜在北京大学心理学博士班学习期间，偶然接触到体验式心态培训课程。那种触动内心最深处的震撼，那种对认知生命的探索，一下子攫住孙瑜的心。这样的课程，受众人群与报纸读者比起来虽是小众，但却直指人心，课程中导师、学员现场互动、相互支持，用生命影响着生命，智慧的火花在碰撞中被激发……这一切，都对孙瑜有极大的吸引力，这才是她内心一直渴求的“传播”！就如一个人，向着一个方向，经过长期坚持不懈的摸索，在某一个瞬间，眼前豁然开朗，那一刻的激动无可言说！孙瑜清晰地意识到，做心灵成长导师就是自己今后人生的唯一选择。

“要想走得更远，就要舍得离开已有的成就。想要出发，先要离开。”孙瑜如是说。

当得知体验式培训鼻祖、美国斯坦福大学庄·翰尼教授在香港开办国际培训导师班亲授弟子时，作为工薪阶层的她，面对高昂学费，毫不犹豫地报名参加，也义无反顾地辞去了报社的职务。

在众多参加培训的学员中，只有 7 人拿到了体验式心态培训国际导师资质证书，孙瑜就是其中之一。从此，中国报业少了一位优秀的总编辑，而中国心理咨询行业出现了一位卓越的心灵导师。

三、研发独具特色的企业内训课程

孙瑜所学习的体验式心态教练技术源于美国，最初专门用于治疗在战争中心灵受到巨大创伤的士兵，随后又不断发展。但对于其中的很多环节和设计理念，孙瑜导师认为并不适用于培训中国学员。于是，她结合西方现代心理学原理，融入中国儒、释、道传统文化精髓，结合中国人的情感特点、心理特征及中国社会发展状况，研发了从理念到形式均符合中国国情的、独具特色的系列体验式训练课程。

2005 年，孙瑜导师的课程研发成果通过团中央《中华儿女》报刊社的严格审核，首次课程就是给《中华儿女》报刊社的全国各记者站站长授课。课程取得了巨大的成功，学员们深受震动，因此第一次认真思考自己的人生方向、第一次感受到体验式课程对于心灵成长的魅力。

此后，孙瑜导师研发了“21 世纪教练型领导力”课程及系列企业内训课程，包括“从优秀到卓越”团队成长课程、“团队合作，潜能开发”课程、“企业内训百日追踪教练”课程等。

2006 年，孙瑜创办北京暖光咨询中心，并成为暖光的首席导师，建立了个人事业发展的全新平台。暖光是由专业团队组成的个人心态调整和团体咨询的机构，以激发个人潜能、传播教练技术、增强团队能量、促进家庭和谐、加快和谐型社会进程为己任，为中国体验式训练注入一股新风。

暖光成立不久，孙瑜导师就带领自己的团队，走入北京地税、北京国税、北京工商、中石油、中石化、大唐电力等单位和公司，成为国内屈指可数的可以为国家政府机关、国企、央企等进行企业心态内训的机构。截至 2017 年底，暖光共为工商、税务、石油、电力、新闻媒体、学校、国企、民企、私企等 100 多家企事业单位培训了 500 多场次，受训人数达数万人。

暖光独特的培训理念，令人耳目一新的培训形式，获得了学员的高度认可，中央电视台等媒体评价暖光丰富了中国培训体系。

“北京马大姐糖果”的董事长马安说：“培训中的游戏是真戏，反映出企业很多的实际问题。而通过导师的引导，大家能够找出问题的症结，并找到有效的解决问题的方法。

一位税务局公务员在培训后说道：“从科级干部培训班回来已经一个星期。外表上一成不变，但我的内心却发生了巨大的变化——有观念的更新，有对正确原则、方法的掌握，有心态的调整与转变，有对自己、他人及外在世界的重新认知……”

四、导师就是自己生命成长经历的分享者

在进行团队内训时，很多企业学员真诚地向孙瑜导师提出要求：“您的课让我们收获太大了，能不能让我的家人也能听到您的课？”

面对学员真诚的邀请，孙瑜导师决定开办团体咨询式心态调整班，不仅是因为在社会的快速发展过程中，人们的心态亟须调整，更是因为孙瑜导师有着支持生命实现蜕变的使命感。经历6年团队内训，孙瑜导师积累了丰富的培训经验，在此基础上，她结合心理学界、心灵成长业内最前沿的NLP、系统排列等新技术，又研发出适合个人学习成长的“醒觉人生”系列团体咨询式心态调整教程，并于2011年下半年正式开班，面向社会公开招生。她又于2016年10月，推出了“五伦关系和自我关系”教练式系统排列工作坊。

孙瑜导师规定：团体咨询式心态调整班，每期人数限定在20人以内，晋阶（三阶）的学员人数上限只能保持在10人，就是为了在有限的时间内，帮助到每一位参加学习的学员；摒弃规定式、要求式的“感召”，支持自愿式感召，绝不让教练通过学员来感召新学员，而是要让教练的工作重心百分百放在学员的学习上。

这样的规定，在很多业内人士看来无异于“自杀”。企业在工作成员少的情况下，不采用“感召”模式，根本不能盈利。不过这也正是暖光团体咨询式心

态调整班与其他团队内训班的不同之处：人数少、成本高、利润低。

孙瑜导师认为，心灵成长理念的“传播”，传播的不是知识，也不是技巧，而是支持学员不断明晰并实现自己的生命意图的过程。作为心灵导师，没有媒体总编辑那样风光，也不像媒体那样受众广泛，而是必须静下心来，通过内观自己，践行和体验人生，从而获得大量人生智慧。在课堂营造的“人生模拟舱”中，将这些人生智慧分享给学员，或许能让学员因此而有所不同。因此，导师其实是生命成长经历的分享者，是人生智慧的启迪者。用生命感召生命的事业，正是孙瑜导师真正想要的、清晰的生命意图，这也正是暖光的企业责任和社会使命。

孙瑜导师相信，当学员真正在暖光经过团体咨询获益，真正让自己的生命因自我觉醒而蜕变，学员们就会自动传播。暖光遵从导师的职业素养和职业道德，做好每一个环节，用百分百的心力支持每一位学员，始终把支持学员成长放在第一位，这就是暖光的营销之道。孙瑜导师是这样说的，也是这样践行的。

从开办第一期团体咨询式心态调整班开始，暖光始终坚持小班学习。截至2017年12月，暖光已经成功举办38期一二阶段（探索班）团咨班、25期“蜕变之旅”班（三阶 / 晋阶）和9期“观心之旅”班（四阶 / 教练），以及7期“五伦关系和自我关系”教练式系统排列工作坊。至今，“醒觉人生”系列课程已培训各阶学员超过2000人次，受训学员普遍受到前所未有的心灵震撼，并开始重新规划幸福人生。

2017年年中，孙瑜导师对20名高阶段毕业学员进行回访，并在暖光公众微信号“暖光暖心”的《导师回访》栏目将回访内容公开发表。

采访过程中，孙瑜导师感动于学员们的坦诚和积极配合。在《导师回访》栏目的尾声，孙瑜导师写道：

近半年的采访过程，我数次被深深感动，并常常被朴实而真诚的爱所滋养。

我只是设计了提问的内容发给被访者本人。令我深深感动的是，这20位学员，都以极大的信任全都选择了将个人经历充分地分享出来。她们告诉我说，接受采访，就是接受暖光的信任，更是一次分享智慧的机会。如果这些个人成长经历可以帮助到有过类似经历的人，给大家作为生活经验或教训的参考，也是一件有利于社会的事情。

真诚感谢20位被访者用这种方式付出!

五、公益与责任

暖光是一家负责任的机构，通过各种公益活动和课程，奉献社会，尽最大努力彰显企业的社会责任。

从2007年到2010年，暖光机构与中国SOS儿童村协会合作，义务为全国10所SOS儿童村的孤儿进行体验式心态培训。中国SOS儿童村协会原会长白益华亲自参加了暖光的体验式培训，并在培训之后表达了对暖光的高度赞扬:“这是触及人们灵魂的课堂，这是充满爱的课堂，这是充满和谐的课堂。”

在2008年“5·12”汶川大地震的抗震救灾中，暖光人义无反顾地加入志愿者的行列。暖光成为唯一一支由民政部SOS儿童村协会特批进入灾区的心理疏导机构。在灾区简陋的条件下，在长达21天的时间里，暖光为都江堰新建小学和玉堂小学进行了15场主题为“阳光下的我们，珍爱生命每一天”的体验式心理疏导培训，为600多名孩子及老师扫除地震带来的心理阴霾。

针对亲子关系，孙瑜导师研发了“醒觉你的爱”公益课程。课程共举办10余场，数百个家庭因此受益。“醒觉你的爱”公益行动也因此被中央电视台少儿频道《成长在线》栏目专题报道。

2015年—2017年年尾，结合社会热点问题，从心理学角度出发，暖光共举行20余次微课，孙瑜导师亲自主讲。《不可不知的人性》一书即是微课内容集纳而成。

2012年3月—2016年2月，暖光共举办27场“有什么样的内心就有什么样的世界”心灵成长分享会；从2017年初至今，共举行7场“看见”公益大讲堂。这两个公益课程，共有近2000名来宾到现场听课。

……

六、干净的灵魂

12 年为一纪。中国系统排列总督导导师郑立峰，非常关注暖光这 12 年的发展。他说，一个机构如果能够走到第 12 年，应该说已经走过了春、夏、秋、冬四个季节，这是一个起步、高峰、收获、低谷、再上升的过程，经历过高峰、低谷，就为下一个 12 年打下了坚实的发展基础。无论从品牌效应，到人员的磨炼，再到整个市场资源的整合，还是在学员当中的影响力，暖光机构都能够达到最佳状态。郑立峰导师说道："一个一开始就有清晰愿景的企业，会发展得坚定而稳健，比急功近利者更容易走得长久。"

中国系统排列总督导导师李中莹也曾专门分析过暖光机构，他说："一个企业的发展是要着急做大，还是要做得长远？一个从事支持人的心灵成长的机构，是要着急赚钱、把精力放在企业产业化上，还是在保住必要成本开支基础上，全力支持生命成长？这个问题是由企业的生命意图决定的。所以，一个企业的价值观在某种程度上取决于这个企业的重要负责人的价值观。"

2017 年 6 月 18 日，孙瑜导师随中国企业教练联合会美国游学团，在美国旧金山，见到 13 年前为自己传授教练技术的恩师庄·翰尼教授，并再次聆听大师授课。当大师提到自己 3 年前开始研发并创新训练课程时，其训练目的及核心理念，与孙瑜导师研发的暖光团队的内训课程以及"醒觉人生"系列教程竟高度契合。一西一东、一老一少、一美一中、一师一徒，多年探索，今又相逢，竟殊途同归。

庄·翰尼教授给游学团授课后的第二天下午，专门在课程结束前对孙瑜导师进行了特别的嘉许："你是我 13 年前的学生，在 13 年前的课堂上，你就给我留下深刻印象。13 年后的今天，我再见到你，看到你的踏实与智慧。我很欣赏你的创造力和理解力，你成为了最好的导师。"

13 年弹指一挥间。在太平洋的东西两岸，庄·翰尼教授、孙瑜导师在促进人们心灵成长的路上，不懈地追求和探索着。这种探索是一份坚持，更是一份坚守，是对信仰的笃行与坚持，更是对使命的坚守。

庄·翰尼教授在这次会面中，语重心长地强调，本课程是让人们在前进的过程中，不要过于注重目标，而是要注重目的。如果过于被目标诱惑，不清楚终极目的就会太功利，而注重目的，才会走得更稳、更持久。

不忘初心，方得始终。孙瑜导师正践行着恩师的教诲。

孙瑜导师在《不可不知的人性》一书的后记中发表了一首诗——《干净的灵魂》，这或许最能体现出她坚守背后的那份力量：

灵魂干净，

是心灵宁静的时候。

你与天地贴合，

宇宙是你万有。

灵魂干净，

是你笑纳了污垢。

知晓风雨无常，

允许泥沙混流。

灵魂干净，

是你看见对错同轴。

感恩源于慈爱，

宽恕善根剔透。

灵魂干净，

是不断求新蜕旧。

出离不忘观心，

我是事件源头。

POSTSCRIPT 补 记

在 2018 年 5 月之后，随着孙瑜导师研发的体验式培训课程被中国老教授协会职业教育委员会和中国心理学会关注，孙瑜导师的探索成长传播之路继而开启新的篇章，因此附后以记。

2018 年 10 月，孙瑜导师被中国老教授协会职业教育委员会（前身为职业教育研究院）聘为企业教练导师学院、系统整合学院、家庭心理服务学院的院长。

孙瑜导师在原研发的“醒觉人生”系列体验式课程的基础上，再次倾力研发出全新升级版的“成长型思维”系列体验式培训课程。

“成长型思维”体验式系列课程分为三个部分：“局”“变”“证”。

“局”。这部分课程是从人的信念、认知系统角度出发，通过探索家族信念传承的来源，分析人的信念习惯以及由此导致的人际关系习惯，进而意识到自己思维的局限性，并不断通过自我成长解决旧问题。

具体方式和效果：这部分课程通过课程创设的“人生模拟舱”，在体验中清晰认知自己信念中“行得通”和“行不通”的部分，认识到信念决定了自己面对事件和人的态度与行动，并从中找到信念的选择惯性与自己工作、生活的关系，进而找到突破信念局限的可能性。课程时长三天。

“变”。这部分课程是从人的身体能量系统角度出发，通过“看见”自己的情绪，“看见”情绪对能量状态的影响，进而重新理解生命实质。“看见”成长中最大的障碍，运用自己的能量特质去创造共赢的世界。

具体方式和效果：这部分课程通过体验式学习，导师、助教、同学间相互支持与深入反馈，认知自己的特质和目前的状态，学习处理情绪的有效方式，明确自己的成长方向，拓宽思维维度，进而找到突破“瓶颈”的有效途径。课程时长三天。

“证”。这部分课程是以“局”“变”作为基础，在课程的指引下，践行“成长型思维”并创造自己全新的生命范畴和人生成果。

“证”的第一次面授课程为“辨‘证’”，通过了解生命成长线的高峰与低谷，辨别创伤与生命礼物的关系；第二次面授课程为“验‘证’”，通过导师、辅导师对学员阶段性实践效果的评估与回应，以及外出的体验活动，学习“选择”与“应对”模式、“目标”与“目的”的关系，最终领悟到生命意图对自己的重要作用；第三次面授课程为“印‘证’”，以成果印证“成长型思维”之旅的生命价值。

具体方式和效果：这部分课程通过为期两个月的课堂面授和课下辅导师的引导下的自主实践，建立起“成长型思维”的训练习惯。辅导师将与学员一同面对学员工作、生活中出现的各种情况，从而使学员清晰地认知到自己心智模式中“行得通”和“行不通”背后的根源，并且在辅导师的引导下，清晰自己的生命意图并去践行、调整。课程结束后，学员将建立并拥有自我觉察的能力，拥有更高维度、更多角度的思维习惯，让自己更自信地做出自己生命的选择，更自信地面对未来，创造自己的幸福人生。课程时长为两个月，包括三次各两天的面授课程、两次组会、八次作业，期间还有一对一的电话辅导。

孙瑜导师研发的这套系列体验式课程，在2018年11月，经政府有关部门和中国老教授协会职业教育委员会的严格审核，被评价为以“中国立场、民族情怀”为指导思想，理论基础扎实、组织架构清晰、实用性强，是“体验式训练”的行业标杆。课程的学术专业性、严谨性和规范性，都开了行业之先河。

2019年10月，在厦门举行的“2019心博会暨中国心理产业发展论坛”上，“成长型思维”体验式系列课程被中国心理产业博览会组委会评为“2019年度中国心理产业创新奖”。

“成长型思维”系列体验式培训课程，在中国老教授协会和行业有关专家支持下，迅速向全国推广。企业教练导师学院完善了组织机构，先后建立了北京工作站、大湾区工作站、西南工作站和山东工作站。

孙瑜导师督导、授课的“成长型思维”系列体验式课程导师研修班，从2018年11月20日第一期开班到2020年1月，每个系列部分课程均已举办两期，共六期的导师研修班，经过严格的学习、考核，已有140人获得“局”“变”“证”系列课程授课导师资质，32名导师获得全模块授课资质，成为中国老教授协会职业教育委员会企业教练导师学院的签约导师。“签约导师”即具备被派遣到全国平台去授课的资质。

为了“成长型思维”体验式课程在国内的健康发展，规范“成长型思维”体验式课程授课导师的行为，中国老教授协会职业教育委员会企业教练导师学院特制定了《“成长型思维”体验式课程授课导师自律公约》，所有“成长型思维”体验式课程授课导师均要签署并承诺遵守自律公约。

同时，在中国心理学会心理学普及工作委员指导支持下，在孙瑜导师的倡导下，企业教练导师学院与全国基层心理服务协作网合作，开办了两期心理服务专业技术人员（中级）培训，共164人接受了培训。第一期培训班开办地点是在中央红军长征出发地——江西瑞金，第一天的课程内容是体验红军重走长征路、感悟“长征精神”和上党课，奠定“心理服务为人民”的基调，意味着心理服务的星星之火，必将燃遍全国。此后，每期的心理服务中级班课程开课，学员前往红色基地感悟民族精神并学习党课都是首要任务。

为了让心理服务在全国真正普及，必须培养足够高水准的师资和人才队伍。于是，中国心理学会全国心理学普及工作委员会高文斌主任和家庭心理服务学院院长孙瑜导师联合开班授课，第一期心理服务导师班、第一期家庭心理服务导师班于2019年12月开班，经过严格筛选的33名学员成为第一批学员，他们将肩负起推广和普及心理服务的重任。

杨永辉